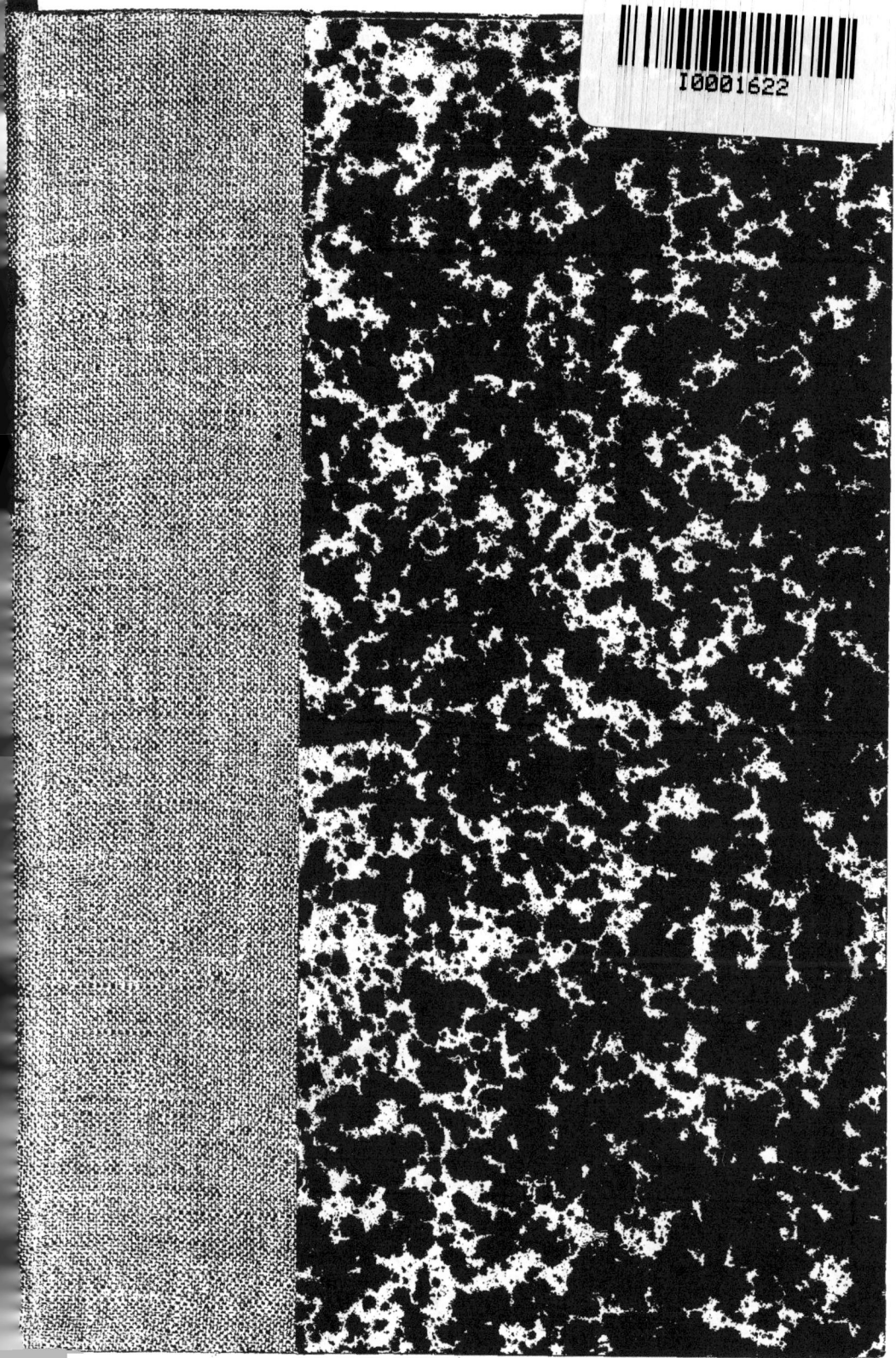

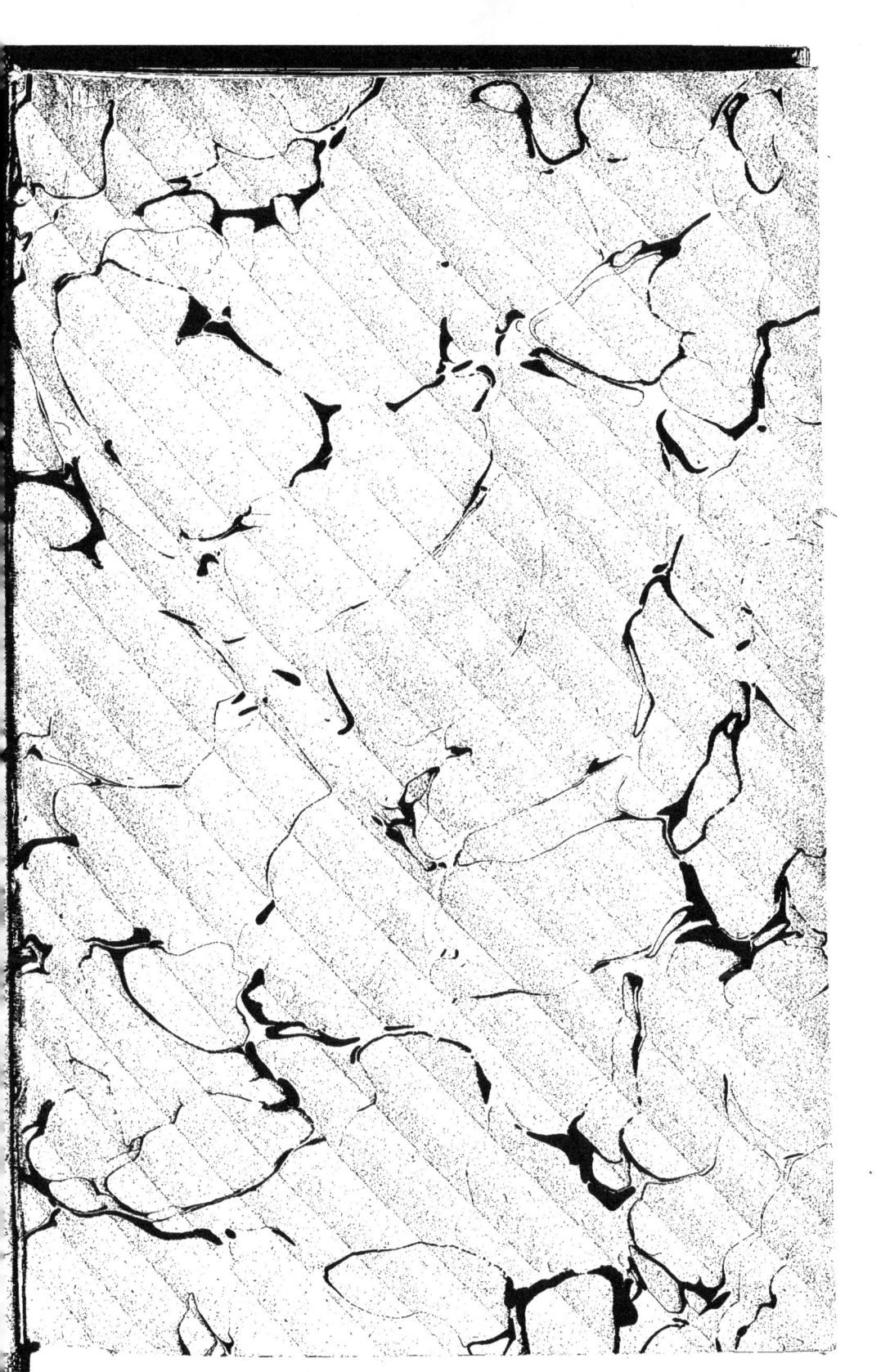

DE LA

LIQUIDATION DES BIENS

DES

CONGRÉGATIONS DISSOUTES

PAR

C. QUIMINAL

DOCTEUR EN DROIT

AVOCAT A LA COUR D'APPEL

2866

MONTPELLIER

IMPRIMERIE DELORD-BOEHM ET MARTIAL

Imprimeurs de l'Académie des Sciences et Lettres de Montpellier

1904

DE LA

LIQUIDATION DES BIENS

DES CONGRÉGATIONS DISSOUTES

DE LA

LIQUIDATION DES BIENS

DES

CONGRÉGATIONS DISSOUTES

PAR

C. QUIMINAL

DOCTEUR EN DROIT
AVOCAT A LA COUR D'APPEL

MONTPELLIER
IMPRIMERIE DELORD-BOEHM ET MARTIAL
Imprimeurs de l'Académie des Sciences et Lettres de Montpellier

1904

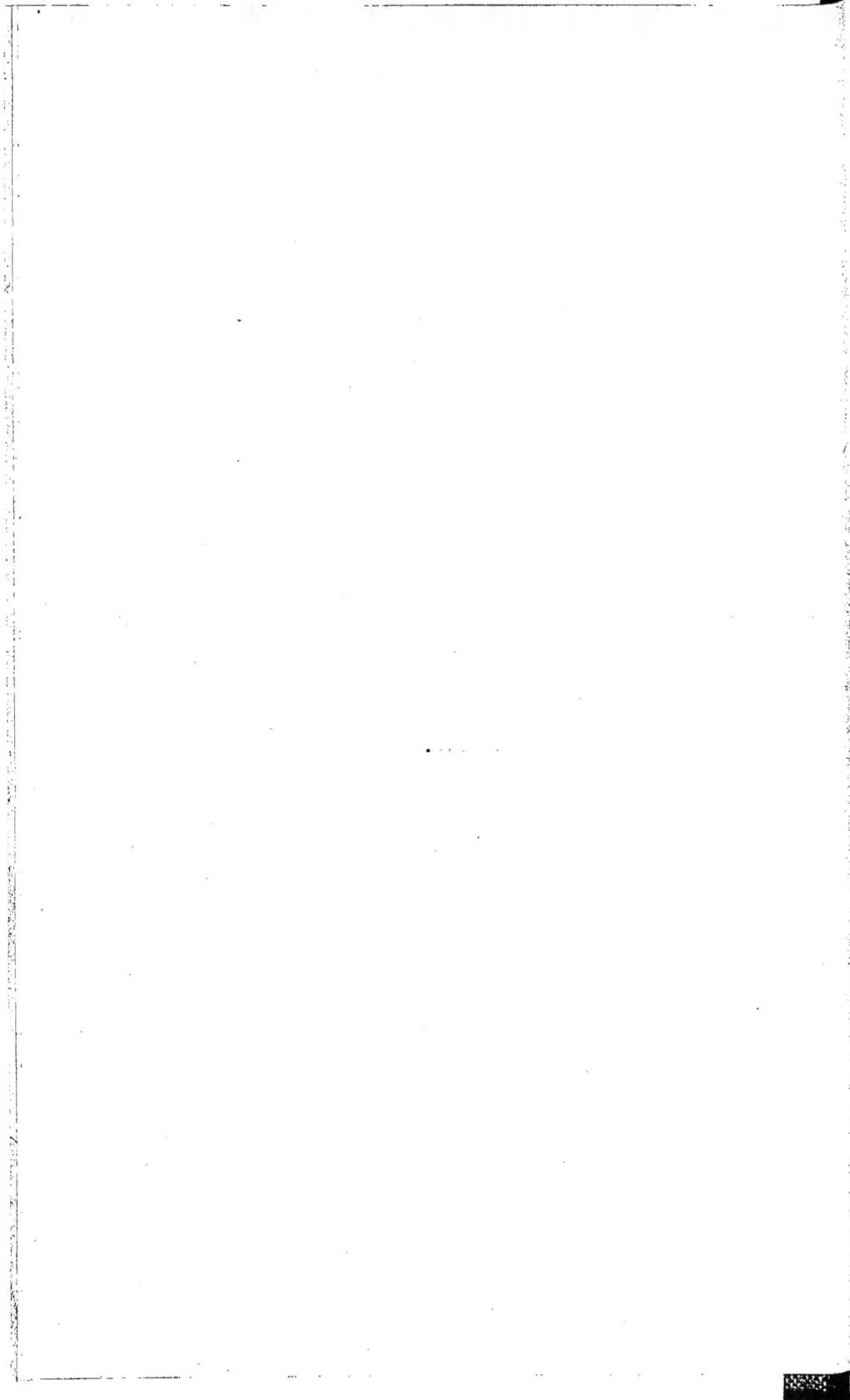

DE LA

LIQUIDATION DES BIENS

DES CONGRÉGATIONS DISSOUTES

INTRODUCTION

Quel que soit l'intérêt passionné qu'aient soulevé les débats de la loi du 1ᵉʳ juillet 1901, il est possible, aujourd'hui, d'en étudier les conséquences en toute impartialité ; elle s'impose à nous comme un fait et, comme telle, elle est susceptible de fournir la matière d'une étude dans laquelle, sans en discuter à nouveau le principe, on pourra en déduire logiquement les effets juridiques.

D'ailleurs, l'objet de l'étude que nous allons entreprendre est strictement borné à la liquidation des biens des congrégations dissoutes, à la procédure par laquelle les biens composant leur patrimoine sont dispersés Nous n'aurons donc qu'à déduire les conséquences des règles posées en cette matière par la loi du 1ᵉʳ juillet 1901, mais sans discuter leur légitimité, ni rechercher le fondement sur lequel on peut les éta-

blir. Il nous suffira de remarquer, après tant d'autres,
que l'intervention du législateur et la rigueur de cette
intervention se justifient par deux ordres de causes

Ce sont d'abord des causes profondes et générales
qui ont nécessité des mesures législatives dont nous
avons à rechercher les conséquences.

Les plus effectives de ces causes sont, d'une part,
la puissance croissante des personnes morales religieuses[1]; d'autre part, l'intervention sans cesse croissante aussi que tendent à pratiquer les états moder-
nes dans les domaines les plus divers. Ces faits, tous
deux incontestables, suffisent à expliquer non seulement la loi, mais le système général de réglementation du droit d'association dont la loi de 1901 ne
constitue qu'une partie. Leur simple coexistence,
dans un temps et dans un milieu donnés, ne peut que
nécessiter une réglementation rigoureuse et répres-
sive. Dans cette lutte de rivaux, dont les forces
s'accroissent sans cesse, l'extension de l'un devient
forcément une barrière au développement de l'autre;
il ne reste alors d'autre solution au conflit des deux
pouvoirs sans cesse grandissant. que la limitation de
l'un par l'autre. Ils ne sauraient demeurer libres
également.

Un traité de paix, un « *concordat* » (le mot a été
appliqué à la loi de 1901), demeure une œuvre illu-

---

[1] Etat des congrégations, communautés et associations religieuses,
autorisées et non autorisées, dressé en exécution de l'article 12 de la
loi du 28 décembre 1876. (Imprimerie Nationale 1878.) — Statistique.
Journal officiel 1901. Annexes 2002.

soire. Lorsque le conflit devient trop aigu, cette œuvre d'apaisement est cependant nécessaire, mais chacun des contractants s'évertue, aussitôt la convention signée ou imposée, à regagner ce qu'elle lui a fait perdre, à reprendre ses positions, à les dépasser, s'il est possible. Les exemples historiques abondent et, pour ne pas remonter plus haut, n'est-ce pas le sort des édits de 1749 et 1776, des lois de la Révolution et des lois de la Restauration que d'avoir été ruinées par une pratique inverse, par une sorte de désuétude, dont l'œuvre était commencée dès leur promulgation même?

Et n'est-ce pas aussi le sort de la loi de 1901? Etait-elle dans son esprit et dans sa lettre autre chose qu'une répétition des lois de 1817 et de 1825, moins sévère peut-être, puisqu'elle ne déniait pas, comme cette dernière, tout droit aux congréganistes sur l'actif restant après la liquidation[1]. Mais si, après les lois de 1817 et de 1825, les congrégations avaient repris une offensive sourde et incessante, en 1901 c'est l'Etat qui, par l'application intégrale de la loi, a maintenu les positions qu'elle lui avait accordées.

Le conflit était, en effet, particulièrement grave à cette époque, car les forces des adversaires en présence s'étaient considérablement accrues.

Les attributions de l'Etat se trouvaient augmentées et fortifiées de toutes les lois par lesquelles il était déjà intervenu dans la réglementation des diverses associations, ou par lesquelles il a garanti la sécurité

[1] Cf. chap. IV.

et l'hygiène publiques. La puissance morale et matérielle des congrégations religieuses avait aussi grandi
sous le couvert d'une pratique contraire à la loi ;
grâce à l'esprit d'association, grâce aussi au régime
de fait libéral que leur offrait la France. Et non seulement il est résulté de cette augmentation une acuité
plus grande du débat engagé, mais encore le changement de situation que nous indiquions, la reprise de
l'offensive par l'Etat, autrement puissant qu'il ne
l'était aux périodes antérieures Il n'est pas étonnant
que la troisième République, après avoir promulgué
une loi, peut-être plus libérale que celles de la Restauration, l'applique plus rigoureusement. L'intervention devient moins choquante quand on l'a vue
pratiquée dans les domaines les plus divers.

Nous n'avons pas à justifier ici l'intervention de
l'Etat dans son principe général. Ce serait élargir considérablement et peut-être éclairer la discussion. Mais,
sans rechercher si, comme le veulent les individua-
listes[1], son intervention est, dans la plupart des cas,
non seulement superflue, mais encore maladroite et
malfaisante, il nous suffit de retenir le fait de cette
intervention croissante, puisqu'il crée le principe de
la surveillance de la constitution et des agissements des
personnes morales, de la limitation de leur extension
lorsqu'elle menace la suprématie du pouvoir central.

Indépendamment de la nécessité de réglementation
qui résulte de la juxtaposition de deux pouvoirs

[1] Spencer : L'individu contre l'Etat. — Paul Leroy-Beaulieu : L'Etat
moderne et ses fonctions. — Bluntschli : Le droit public général.

rivaux, poursuivant une œuvre d'organisation sociale, dans un but et par des moyens entièrement différents, il est d'autres raisons qui rendaient cette nécessité particulièrement pressante.

C'est, d'abord, la constitution de patrimoines composés de biens de mainmorte ; et, sans rééditer les critiques courantes contre les entraves à la libre circulation des biens, il faut bien admettre que, grâce à la perpétuité, il y a, pour l'association religieuse, dans la mainmorte un avantage inappréciable : « Elle ne possède pas comme un particulier qui aliène, » qui meurt, qui transmet, qui prend part au mou » vement général des affaires ; elle possède pour » conserver toujours, pour immobiliser et amortir, » pour survivre aux générations et pour sortir plus » manifeste et plus solide de leur poussière [1] ». C'est encore l'hostilité politique de la plus vivace des personnes morales, qui ne se laisse point manier comme les autres, car elle a son âme en propre, sa foi, son organisation et son code, fondés sur la révélation divine, à l'encontre de ceux de l'État fondés sur la raison humaine [2]. C'est aussi cette antinomie de la congrégation avec la société civile par laquelle elle absorbe complètement le citoyen qui ne peut rien être sans elle et hors d'elle [3].

[1] Troplong. Commentaire du titre des donations et des testaments du Code civil, n° 980.

[2] Taine. L'Eglise.

[3] Clamegenan. Des communautés religieuses non autorisées. Revue pratique, 1857, t. 1, p. 31. Les congrégations « donnent un exemple » contraire à la dignité civique individuelle ».

Ces considérations, que nous ne faisons qu'indiquer, ajoutées au simple fait de la coexistence de deux pouvoirs rivaux, dont les prétentions sont également considérables, suffisent à expliquer l'intervention de l'Etat, et, partant, à la justifier, puisqu'elles en établissent la nécessité.

Mais il suffit, pour atteindre le but que nous poursuivons, l'étude des règles de la liquidation, d'admettre, sans en rechercher les fondements avec plus de rigueur, les principes que le législateur de 1901 a appliqués aux congrégations religieuses et de déduire leurs conséquences.

L'application du principe de la personnalité fictive aux congrégations religieuses conduit à leur refuser la personnalité, à défaut d'autorisation, et à ordonner la dispersion de leur patrimoine.

Ce patrimoine considérable s'était constitué par les procédés détournés à l'aide desquels se constitue la propriété corporative lorsqu'il lui est impossible de le faire ouvertement. Par l'un de ces procédés, l'association tend à s'attribuer une capacité générale et complète; par les autres, elle dissimule son incapacité dans certains actes par des moyens et des formes variant avec chacun d'eux.

Le premier et le plus avantageux de ces procédés est la transformation de la congrégation en société. Son avantage consiste à suppléer entièrement l'autorisation par suite de l'attribution de la pleine capacité aux sociétés civiles et commerciales. Lorsqu'on

a ajouté à ce contrat diverses clauses, notamment
une clause de réversion, un pacte tontinier, le résultat atteint remplace la personnalité morale.

Les autres procédés, d'un emploi plus délicat et de
moindre avantage, sont le legs avec charge, le fidei-
commis tacite et l'interposition de personne.

Le legs avec charge permet de gratifier un incapable à condition de ne pas désigner clairement le bénéficiaire et de faire de la charge un simple conseil,
imposé au légataire comme un devoir de conscience,
tout en lui laissant un certain émolument, afin que
le bénéficiaire non désigné de la charge ne paraisse
être le véritable légataire.

Le fidei commis tacite peut aussi être employé dans
le même but, en laissant, comme pour le legs avec
charge, quelque latitude au légataire apparent qui n'est,
de même, chargé que de l'accomplissement d'un devoir moral. Mais ce procédé demeure d'un emploi
plus dangereux que le précédent. La jurisprudence,
en effet, quoique admettant la validité d'une libéralité testamentaire lorsqu'elle est accompagnée
d'un fidei-commis sous forme déprécative, a souvent
annulé de pareilles libéralités comme étant desti-
nées à gratifier des incapables par personne interposée.

L'interposition de personne permet d'emprunter
la capacité des membres de l'association pour lui
rendre l'acquisition possible. Les membres d'une
congrégation non autorisée ont conservé leur pleine
capacité ; ils pourront donc devenir les bénéficiaires

apparents de libéralités dont tout le bénéfice doit, en réalité, revenir à la congrégation.

Ce sont là les principaux procédés à l'aide desquels s'est constitué le patrimoine que la loi soumet à la liquidation [1]. Il faut cependant y ajouter le contrat dit « d'entrée en religion », comportant généralement le don d'une somme capitale et le paiement d'annuités, ou encore le mandat au supérieur de la congrégation, ou à tout autre membre, d'administrer les biens du nouveau religieux et de toucher ses revenus.

Sans insister plus longuement sur les combinaisons si multiples et si diverses de ces procédés que nous retrouverons d'ailleurs pour la plupart au cours de cette étude, cette simple énumération fait prévoir les difficultés auxquelles la liquidation peut donner lieu. La loi n'a pas toujours apporté des solutions évidentes à ces difficultés, de sorte que nous serons souvent contraints à recourir au système antérieur au 1er juillet 1901, tel que la jurisprudence l'avait établi.

En ce qui concerne la dévolution de ce patrimoine après la dissolution, le principe général duquel découlent les règles qui doivent y présider est le principe de la personnalité fictive : l'Etat, seul, peut, par l'autorisation, donner la personnalité morale à une association religieuse Si les associations laïques

[1] M. Charmont : La Propriété corporative ; Cours de Droit civil comparé ; Introduction ; Revue critique, 1901, p. 430.

jouissent d'un régime qui leur permet de s'établir sans autorisation, une surveillance plus étroite de la constitution et de l'administration des congrégations nécessite pour elles cette autorisation et les enquêtes, les dépôts de statuts et les engagements qu'elle comporte.

En vertu de ce principe, on doit donc se trouver, après la promulgation de la loi, en présence, d'une part, de congrégations autorisées dans les conditions de forme et de fond prévues par le Titre III, et d'autre part, de congrégations qui, n'ayant satisfait ni aux unes, ni aux autres, se trouvent dissoutes.

La suite nécessaire de la dissolution de plein droit est la liquidation des biens détenus par la congrégation. La dispersion des personnes composant les congrégations non autorisées et celle des biens détenus par elles, tel est, en effet, le but de la loi. La dispersion des personnes est assurée par l'application des peines prévues par l'article 8, qui sanctionnent la reconstitution ou la persistance d'une congrégation non autorisée, désormais illicite. La dispersion des biens est assurée par la liquidation, dont les formes et les effets sont prescrits par l'article 18.

La première de ces mesures, la sécularisation, ne rentre pas dans le cadre de notre étude. La deuxième en constitue l'unique objet.

Régler la procédure de la liquidation, fixer les droits de chacun, des tiers et des associés, tel est l'objet de ce texte, si important qu'il a constitué le centre des débats et soulevé, depuis la promulgation de la loi, des controverses passionnées.

En effet, le principe de la dissolution étant admis, encore faut-il trancher le point de savoir à qui seront dévolus les biens liquidés. Laissera-t-on produire à l'association religieuse dissoute l'effet de donner à ses anciens membres le droit de se partager cet actif, ou bien sera-t-il dévolu à l'Etat ? Si l'on admet cette dévolution à l'Etat, y aura-t-il lieu d'accorder une pension aux congréganistes ? Faudra-t-il admettre la revendication des donateurs ou des héritiers ou ayants cause des donateurs et testateurs ? Repoussera-t-on celle des congréganistes ? La solution de chacune de ces questions présente un intérêt considérable, et de la première surtout dépend en grande partie l'effet de la loi [1].

Sur chacun des points d'une interprétation particulièrement délicate que nous avons rencontrés au cours de cette étude, les travaux préparatoires et la jurisprudence nous ont donné, sinon des solutions fermes et précises, au moins des indications. Lorsque toute indication nous a fait défaut ou que la jurisprudence nous a paru contradictoire dans son ensemble, et encore indéterminée, le principe auquel nous avons obéi dans le choix des solutions proposées ou dans la recherche des solutions absentes est que la loi du 1er juillet 1901 doit être interprétée de façon à lui permettre de recevoir son entier effet.

Elle est destinée, en effet, par celles de ses dispositions qui sont relatives aux congrégations reli-

[1] V. chap. IV.

gieuses, à assurer leur surveillance lorsqu'elles sont autorisées, et à opérer leur dispersion, personnes et biens, lorsqu'elles n'ont pu obtenir l'autorisation. C'est là le but évident de la loi, sans lequel l'intervention du législateur demeurerait dépourvue de sens. Les mesures législatives votées par le Parlement, sur l'initiative du Gouvernement, ne peuvent avoir d'autre utilité, à l'égard des congrégations non autorisées existantes, que de rendre leur dissolution effective, c'est-à-dire de liquider les biens qu'elles détenaient. Cette dispersion doit donc être rendue la plus complète possible. Ce serait assurément faire échec à la volonté du législateur que de ne pas donner à la loi toute son extension et de ne pas réaliser son but pleinement. Hors de toute restriction, hors de toute limitation prévue par le texte, l'intention du législateur doit être recherchée et appliquée, non pas avec des réserves qui seraient forcément arbitraires s'il ne les a pas prévues lui-même, mais avec plénitude, de manière à rendre entièrement effectives les dispositions légales.

TITRE PREMIER

CHAMP D'APPLICATION DE L'ARTICLE 18

Le régime de dissolution, prévu par l article 18, s'applique aux congrégations religieuses non autorisées existant au moment de la promulgation de la loi et qui n'auront pas fait, ou auront fait inutilement, dans le délai de trois mois, les diligences nécessaires pour se conformer à ses prescriptions et obtenir l'autorisation.

Il résulte donc du texte que son application est limitée aux associations réunissant certains caractères qui en font des congrégations, et seulement lorsque ces caractères sont dominés par le caractère religieux.

Le Parlement s'est refusé à admettre une définition de ces caractères, la considérant comme dangereuse, à raison de la difficulté, inhérente à toute définition, qu'il y a à donner une formule assez compréhensive pour fixer des traits variables. L'appréciation de ce point est donc abandonnée aux Tribunaux.

En laissant, pour le moment, de côté le caractère religieux de la congrégation, par lequel elle se confond avec les simples associations religieuses, ses

2

caractères distinctifs et secondaires sont les suivants :

C'est d'abord l'existence d'une règle commune, de statuts religieux, quels que soient ces statuts. approuvés ou non par les autorités ecclésiastiques compétentes [1]. Il n est pas indispensable que ces statuts soient rédigés expressément. Il résulte d'un arrêt du Tribunal des conflits, « qu'il y a lieu de comprendre » parmi les congrégations les simples associations » de personnes libres et relevant d'elles-mêmes ou » d'un règlement convenu entre elles, si elles vivent » en commun [2]. »

Cette décision nous amène à parler d'un deuxième caractère qui est la vie en commun. Mais ce caractère n'est pas plus indispensable que le premier, ou, du moins, faut-il l'entendre dans un sens très large. C'est plutôt l'action commune qui constitue un des caractères fondamentaux de la congrégation. La persistance de l'œuvre poursuivie dans le même but, et avec la même entente, suffit à remplacer ce deuxième élément [3].

Cette continuation de l'œuvre entreprise par la congrégation, même alors que toutes les apparences de la dispersion se présentent, suffit à rendre les congréganistes, même sécularisés, même laïcisés, passibles des peines de l'article 8, et à soumettre les

[1] Désormais. il ne pourra plus en être ainsi. L'article 16 du décret du 16 août 1901 fait du dépôt des statuts approuvés par l'autorité diocésaine, une condition de l'obtention de l'autorisation.

[2] Trib. conflits : 2 avril 1881, Lebon, p. 399. S. 82, 3, 579.

[3] Cass. 19 juin 1903. Gaz. Pal. 1903, 1, 775. Cass. 4 décembre 1903. Pand. franc., 1904, 1, 412.

biens qu'ils détiennent à la liquidation si cette détention a existé et s'est perpétuée après la promulgation
de la loi.

C'est, en effet, la théorie admise par la Cour de
cassation, au point de vue délictuel, et qui, au point
de vue civil, a pour conséquence de soumettre à la
dissolution de plein droit et à la liquidation cette
congrégation déguisée et ses biens. La Cour de cassation a admis, en effet (9 juillet 1903, Pand. fr. pér.
1904, 1, 217), que la persistance de la vie en commun et la continuation de l'œuvre de la congrégation
pouvaient, sans aucune autre considération de perpétuité ou de prononciation de vœux, suffire à établir
le délit. En refusant ainsi d'adopter, comme élément
d'appréciation, les actes apparents et quelquefois fic-
tifs [1] de sécularisation ou de laïcisation, émanés de
l'autorité écclésiastique même compétente, la Cour
de cassation n'a fait que reprendre la doctrine des
Parlements, « la doctrine libérale et gallicane opposée
» à la doctrine autoritaire et ultramontaine. Ces prin-
» cipes anciens demeurent, sous réserve des change-
» ments de forme imposés par les circonstances [2]. »

Dans le système admis par la Cour de cassation,
c'est l'œuvre commune apparente qui constitue le
délit prévu par l'article 8 ; c'est donc la persistance
de cette œuvre qui constitue le caractère fondamental
de la congrégation.

---

[1] Affaire des Salaisiens de Don Bosco : Cass. arrêts du 1er mai 1903.
[2] Sécularisation et laïcisation : Octave Tixier. Revue critique, 1904,
p. 490.

La perpétuité en constitue un troisième caractère qui paraît être de son essence même. Il a été jugé, cependant, qu'une association religieuse, dont la durée apparente était fixée à quarante années, devait être considérée comme une véritable congrégation, si ses membres vivaient en commun et observaient des règles conventuelles. Mais la décision que nous avons en vue se fonde sur le fait que cette durée n'est limitée qu'en apparence, car les associés promettaient : « dans des lettres imprimées, de célébrer tous les jours, à perpétuité, la messe conventuelle pour leurs bienfaiteurs et les parents de ceux-ci ». Il semble donc bien, malgré cette limitation apparente, que la perpétuité soit, sinon indispensable à l'existence de la congrégation, du moins plus nécessaire que les caractères précédents.

Les vœux, quels que soient leur nombre et leur caractère canonique, constituent un élément plus sérieux d'appréciation. Il semble même que, d'après les travaux préparatoires, c'est par le fait d'être composée de membres ayant prononcé des vœux, que la congrégation se distingue surtout de l'association religieuse [1].

[1] Voir les discours du Président du Conseil et le discours de M. Vallé, au Sénat : (Journ. off., Sénat. Séance du 13 juin 1901), où le rapporteur reprend la définition que M. Waldeck-Rousseau avait lui-même donnée en 1882, et qu'il avait empruntée à Troplong : la congrégation « ne comporte pas la part légitime de l'indépendance de l'homme ; » elle est, au contraire, exclusive de la liberté ». — Et M. Clamegeran : Revue pratique, 1857, tome 2.

Cependant, la prononciation des vœux n'est pas non plus un caractère nécessaire. La jurisprudence admet, dans un grand nombre de décisions, que la congrégation continue d'exister, quoique les congréganistes aient reçu des lettres de sécularisation, et quoiqu'ils aient été relevés de leurs vœux[1].

Le port du costume est aussi un élément d'appréciation, ainsi que l'existence d'un noviciat; mais l'un et l'autre sont de moindre importance.

Enfin, il faut que les éléments que nous avons rapidement mentionnés soient dominés par le caractère religieux. Il faut en conclure que, si le port d'un costume particulier, la perpétuité, la prononciation des vœux, l'obéissance à une règle uniforme, se trouvent réunis chez des associés vivant en commun, leur réunion n'en constituerait pas, pour cela, une congrégation tombant sous le coup de la loi de 1901 (si du moins leurs règles et leurs croyances n'avaient aucun caractère confessionnel), puisque, d'après le texte même de la loi de 1901, ses dispositions s'appliquent seulement aux congrégations « *religieuses* ».

Les seuls caractères confessionnels qui puissent constituer la congrégation religieuse sont ceux des religions reconnues par l'État au moment de la loi. Ce sont évidemment les seules congrégations que le législateur ait eues en vue. Il nous paraît impossible de l'étendre à des agrégations dépendant d'autres prin-

[1] Trib. Marseille, 1er avril 1903. Ménage: Liquid. des biens des cong. dissoutes : 1, 461 et Pand. Franc. 1904, 1, 312.

cipes religieux [1], et, à plus forte raison, à celles qui dépendraient de principes purement philosophiques.

D'ailleurs aucun de ces éléments, même l'élément principal, le caractère religieux, n'étant exigé par la loi, les tribunaux gardent un pouvoir souverain d'appréciation. Et comme, par l'absence de toute définition légale, cette appréciation porte sur un pur fait, les décisions des juges du fait échappent au contrôle de la Cour de Cassation. Les juges du fait décideront donc souverainement, en induisant, des manifestations extérieures qui leur seront soumises, le caractère de l'association illicite. L'intention évidente du législateur a été de leur laisser cette liberté.

Après avoir analysé brièvement les caractères qui peuvent faire tomber une association sous l'application de l'article 18, il importe maintenant de rechercher à quelles conditions une congrégation religieuse, reconnue telle par l'autorité judiciaire, verra ses biens soumis à la liquidation.

A première vue, le champ d'application de l'article 18 nous apparaît, sous cet aspect, comme doublement limité, quant aux conditions de son application et quant à la durée de cette application.

---

[1] Par exemple : la loi de 1901 est exécutoire en Algérie sans promulgation spéciale, comme modifiant le Code Pénal, antérieur à la conquête. Nous ne croyons pas qu'elle puisse s'appliquer aux puissantes confréries musulmanes, non pas parce qu'elles dépendraient du Code de l'Indigénat, mais parce que ce n'est pas en vue de les atteindre que la loi a été créée.

Le premier paragraphe en est ainsi conçu : « Les
» congrégations existantes au moment de la promul-
» gation de la présente loi, qui n'auraient pas été
» antérieurement autorisées ou reconnues, devront,
» dans le délai de trois mois, justifier qu'elles ont
» fait les diligences nécessaires pour se conformer à
» ses prescriptions.

» A défaut de cette justification, elles seront répu-
» tées dissoutes de plein droit. Il en sera de même
» des congrégations auxquelles l'autorisation aura
» été refusée. »

Il ressort très clairement de ce texte que les
congrégations non antérieurement *autorisées* ou
reconnues qui, avant le 2 octobre 1901, n'ont pas
accompli les formalités de la demande d'autorisation
prescrites par la Section I du Titre II du Décret du
16 août 1901 [1], et 2° celles qui, ayant accompli ces
formalités, se sont vu refuser l'autorisation, donnent
seules lieu, quant à la liquidation de leurs biens, à
l'application de l'article 18

Tout d'abord, avant de rechercher plus exactement
les limites de l'application de l'article 18, il importe
de préciser le sens des deux mots « autorisées ou
reconnues ».

Pour certains auteurs, le mot « autorisées » dési-

[1] C'est le 2 octobre 1901 que le délai sera expiré. Quelques décisions
paraissent admettre que ce ne sera que le 3 octobre ; mais le délai
n'est que de 3 mois, et il n'y a pas de raison de compter le jour qui
suit l'expiration du délai. Les délais de mois ne se comptent que
d'après le calendrier grégorien. (Loi du 2 juin 1862, art. 9).

gnant les congrégations autorisées législativement, et
le mot « reconnues » les congrégations reconnues par
décret comme établissements charitables d'utilité
publique, le sens du texte n'est pas douteux : le législateur a bien entendu dispenser les unes et les autres
de la dissolution de plein droit pour défaut d'autorisation ou de demande d'autorisation [1].

Pour d'autres, le législateur n'a entendu viser que
les congrégations autorisées législativement. La Cour
de Cassation, disent-ils, et le Conseil d'Etat décident
que les décrets ou ordonnances déclarant d'utilité
publique ces agrégations n'ont pas pu les ériger en
personnes morales [2]. Or, si la dissolution a lieu de
plein droit et si les règles de l'article 18 s'appliquent
aux congrégations non autorisées, c'est parce qu'elles
ne constituent pas des personnes morales. Puisque
les congrégations reconnues d'utilité publique n'ont
pas obtenu la personnalité morale par le fait de la
reconnaissance, elles doivent être traitées comme les
congrégations non autorisées et tomber aussi sous
l'application de l'article 18. « En employant la double
» expression « autorisées ou reconnues », le législa-
» teur n'a fait que se conformer au vocable employé,
» tant par la loi du 2 janvier 1817, qui parle d'éta-
» blissements ecclésiastiques *reconnus par la loi,* que

---

[1] Hébrard. Liquidation des biens des Associations dissoutes, p. 103.
[2] Cass. Civ., 3 juin 1861 : Affaire des Frères de Saint-Joseph du
Mans, et plus récemment, postérieurement à 1901 : Trib. de Largentière, 2 juillet 1903. Rec. de Men., II, 150. Trib. de la Seine, 15 juillet
1903, op. cit., II, 199. Trib. de Valognes 12 août 1903, op. cit., II, 273.

» par celle du 24 mai 1825, où se trouvent les mots de congrégations « *autorisées* » [1].

En effet, si l'on admet que le législateur de 1901 a voulu se reporter aux termes employés par ces deux lois (« reconnus » par la loi de 1817 et « autorisées » par celle de 1825 ») dans le but de faire bénéficier de la disposition qui résulte implicitement de la rédaction de l'article 18 (à savoir : la non-dissolution, la survivance), les établissements qui ont reçu la personnalité morale en vertu de l'une ou l'autre loi, on peut se ranger à cette dernière opinion et décider que, dans le texte qui nous occupe, les deux termes sont synonymes.

De plus, il importe de remarquer aussi que le mot « reconnues », employé par l'article 18, n'étant pas suivi des mots « d'utilité publique », mais, au contraire, des mots « par la loi », se rapporte à ce que la loi de 1817 appelle « reconnaissance », c'est-à-dire autorisation, bien plutôt qu'à la reconnaissance d'utilité publique, dont la forme générale est le décret.

Nous admettrons donc qu'il n'y a pas lieu de distinguer entre les congrégations dépourvues de toute autorisation et celles qui sont investies d'une simple reconnaissance d'utilité publique [2]. Nous les confondrons sous le même vocable de congrégations « auto-

---

[1] Trouillot et Chapsal. Du contrat d'association, p. 231.

[2] A plus forte raison, les congrégations qui ne sont pourvues que d'une simple « autorisation administrative en vue de la charité et en faveur de l'enseignement primaire », ne sauraient être considérées comme légalement formées. C. de Paris, 10 février 1904. Gaz. Palais, 1904, 2, 664.

risées ». Par suite, les congrégations simplement reconnues d'utilité publique devront suivre, dans leur liquidation, les règles édictées par l'article 18.

Il n'y a donc, par conséquent, que deux catégories de congrégations pour lesquelles il faille écarter l'application de cet article : celles qui se placent en deçà ou au delà de la promulgation de la loi et du délai imparti pour la demande en autorisation ; ce sont :

1° Les congrégations déjà en règle avec la loi, étant autorisées législativement avant le 1er juillet 1901. Aucune autre précision n'est nécessaire ; il sera facile de les reconnaître à la production de l'autorisation ou à la preuve de la formation de la demande [1]. Ces dernières ne sont d'ailleurs pas dissoutes ;

2° Les congrégations autorisées après le 1er octobre 1901 et dissoutes depuis cette date.

Les règles que devront observer dans la liquidation de leurs biens ces deux dernières catégories ne feront pas l'objet de cette étude. Nous ne nous occuperons que des liquidations soumises aux règles déposées dans l'article 18.

Nous avons ainsi délimité le champ d'application de l'article 18 au premier point de vue, quant aux conditions de son application ; il nous reste maintenant à le délimiter au second point de vue, quant à la durée de cette application.

---

[1] La congrégation prouvera qu'elle est en instance d'autorisation en produisant le récépissé fourni par l'Administration au moment du dépôt des pièces, et en établissant que le refus d'autorisation ne lui a pas été notifié.

Cet article, qui a été, comme on l'a dit, le point de mire de tous les débats, nous apparaît cependant comme une mesure transitoire, en ce sens que le législateur a évité d'y poser les règles définitives de la matière. Lorsque les liquidations en cours seront clôturées, lorsque toutes les congrégations se seront mises en règle avec la loi ou seront dissoutes, l'article 18, en fait, ne sera plus en vigueur, puisque, d'après le texte même, il ne s'applique qu' « aux congrégations existantes au moment de la promulgation de la présente loi ». Ces mesures si importantes, et qui avaient suscité des appréciations si vives et si diverses, après avoir reçu leur application durant quelques mois à peine, demeureront désormais lettre morte. Doublement limitées, quant au temps et quant à la matière, elles n'auront plus alors que la valeur d'un précédent sans aucune force obligatoire [1].

Le législateur de 1901 n'a probablement pas présumé qu'aucune congrégation ne survivrait à la loi ou qu'il ne s'en reformerait aucune autre. Aussi comment expliquer qu'il ait prévu seulement des règles de liquidation des congrégations existantes et que la loi soit muette relativement aux deux dernières catégories que nous avons mentionnées comme échappant à l'article 18, à raison de l'évidente clarté de sa rédaction.

On a voulu rechercher la raison de ce silence dans

[1] L. 1904. Enseignement congréganiste.

le fait qu'au moment du vote de la loi la volonté du
législateur a été d'obtenir une dispersion complète
des personnes et des biens, « pour faire place à un
» état nouveau du droit nettement établi » [1].

Mais la raison véritable nous paraît être qu'il
n'était pas nécessaire de prévoir le sort des biens
des congrégations autorisées après la promulgation
de la loi. En effet, l'article 19 du décret du 16 août
1901 impose aux congrégations en instance d'autorisation l'indication, « sous réserve des dispositions
de l'article 7 de la loi du 24 mai 1825 », des mêmes
mentions que l'article 11 prescrit pour les associations
en instance de reconnaissance d'utilité publique ;
et cet article (§ 5) exige la mention des règles sta-
tutaires par lesquelles la société prévoit, pour tous
les modes possibles de dissolution, la dévolution de
ses biens. Or, l'examen de ces statuts est entouré de
toutes les garanties (avis du Conseil municipal de la
commune où l'association est établie ; rapport du
Préfet, etc.). L'intervention du législateur, s'il accorde
l'autorisation, viendra de plus sanctionner le mode
de dévolution choisi par l'association elle-même.

En d'autres termes : il ne sera plus nécessaire
d'avoir des règles générales de liquidation, puisqu'il
ne saurait plus y avoir que des lois particulières
d'autorisation, homologuant, en quelque sorte, les
décisions de la congrégation autorisée.

Ce n'est qu'ainsi que peut s'expliquer le silence du

[1] Hébrard. Liquidation des biens des associations dissoutes, p. 104.

législateur ; silence bien justifié, puisque, par ailleurs, dans les articles 11 et 19, il fait prévoir les règles futures de la liquidation pour les congrégations postérieurement autorisées. L'article 18 n'a d'autre but que de prévenir une inertie, qui aurait tendu à prolonger un état de choses irrégulier.

Quant aux congrégations autorisées antérieurement à 1901, elles bénéficent d'une situation acquise, à laquelle le législateur de 1901 n'a pas touché directement[1].

Après avoir ainsi précisé à quelles congrégations peuvent s'appliquer les règles qui font l'objet de notre étude, et, par a contrario, à quelles congrégations elles ne doivent pas s'étendre, il y a lieu de nous demander comment il faudra résoudre les difficultés relatives à la liquidation des biens détenus par des congrégations placées dans une situation particulièrement équivoque, situation qui, au premier abord, paraîtrait soustraire ces biens aux règles qu'édicte l'article 18.

Cette situation est celle d'une congrégation qui, après le 1er juillet 1901, mais avant le 2 octobre c'est-à-dire dans le délai imparti pour former la demande en autorisation, s'est dispersée et a liquidé elle-même amiablement ses biens.

Cette liquidation amiable est-elle valable? En d'autres termes : le délai de trois mois imparti aux congrégations pour former leur demande d'autorisa-

[1] Tribunal de Largentière. Ref. 2 juillet 1903. Recueil de Ménage, II, 150.

tion est-il un délai de grâce passé lequel, si elles se sont dissoutes, elles-mêmes, la loi ne leur serait plus applicable?

On a soutenu l'affirmative. On a dit : les formes prescrites par la loi pour la liquidation sont desti- nées à protéger les congréganistes et les tiers dona- teurs, mais si aucun d'eux ne se plaint de la liquida- tion amiable, pourquoi ne pas la maintenir?

De plus, le délai de trois mois accordé aux congré- gations, leur donne implicitement le droit de se dissoudre dans ce délai.

Enfin, et c'est là l'argument qui paraît le plus déci- sif, il paraît impossible d'admettre qu'une règle légale puisse encore s'appliquer à des êtres qui ont cessé d'exister.

Et c'est, en effet, ce dernier argument qui a entraîné la Cour de Rennes, dans son arrêt du 26 novembre 1902, à se décider dans ce sens. La Cour admet que la disposition essentielle de la loi de 1902 est la prohibition de l'existence de fait des congrégations, ne leur permettant désormais, par la nécessité de l'au- torisation, qu'une existence strictement légale ; dès lors, comment admettre que cette existence de fait subsiste, puisque la congrégation s'est dissoute elle- même et liquidée, et qu'ainsi elle n'a jamais été illi- cite ? « Prohiber cette existence de fait et l'imposer » simultanément, ne fût-ce qu'un instant de raison, » est radicalement impossible [1]. »

---

[1] Cour de Rennes, 20 novembre 1902. Recueil de Ménage, 1, 258.

Cette première opinion admet donc la validité des liquidations amiables sans réserves. Mais d'autres, moins nettement affirmatifs, reconnaissent cependant que le délai de trois mois était donné pour délibérer et prendre parti, et non pour acccomplir aucun acte autre que la demande d'autorisation. Cependant, après avoir reconnu ce caractère du délai, ces auteurs admettent que si la liquidation a été accomplie en respectant les règles de l'article 18 *si les formes qu'il prescrit ont été suivies*, quoique opérée par les congréganistes eux-mêmes, elle doit être tenue pour valable [1].

Tout d'abord, avant de passer au troisième système proposé sur la question qui nous occupe, ne suffit-il pas de remarquer à l'encontre de cette opinion intermédiaire, que si la liquidation a été faite amiablement par les congréganistes eux-mêmes, il est impossible qu'elle ait été *régulière en la forme* (dût-on même admettre que cette régularité de forme peut en couvrir la nullité) puisqu'il lui manquera la formalité essentielle prescrite par l'article 18, c'est-à-dire la présence même du liquidateur.

Quant à la première théorie que nous avons exposée et qui s'efforce de justifier la validité de la liquidation amiable, nous constatons d'abord qu'elle constitue une opinion isolée, reprise par l'arrêt de la Cour de Rennes précité. Antérieurement à cet arrêt,

[1] Hébrard: *op. cit.*, p. 109. (Se reporte lui-même à M. Lacoste de Lareymondie. Questions actuelles du 31 août et 5 décembre 1901. La Vérité du 7 octobre 1901.)

la jurisprudence s'était refusée à admettre la validité de ces liquidations amiables. Elle est revenue, depuis lors, à ses premières décisions, et s'y maintient avec unanimité.

Les nombreux jugements ou arrêts qui consacrent cette solution se fondent sur les raisons suivantes :

Le délai de trois mois est imparti sous la condition suspensive que la congrégation prendra le parti de demander l'autorisation. « Il y a seulement une con-
» dition suspensive bien limitée dont l'irréalisation
» doit faire considérer la dissolution de plein droit
» et, partant, l'astreinte à la liquidation judiciaire
» comme s'étant produite *ex tunc*» [1].

Dès la promulgation de la loi, les tiers donateurs et les congréganistes ont eu des droits acquis, les premiers à l'action en revendication, les seconds à l'action en reprise et aux allocations viagères ; une liquidation amiable lésant ces droits acquis, il faut donc qu'elle soit nulle pour qu'ils puissent être maintenus [2].

« La loi ne fait aucune différence entre les asso-
» ciations qui se dissoudront et celles qui se main-
tiendront au mépris de la loi [3] ». En somme, ceci revient à dire que les congrégations n'ont, au cours du délai, aucun autre droit que celui de former leur demande.

[1] Trib. civ. de Bordeaux, 7 juillet 1902, *op. cit.* 1, 155. — Uzès, 6 janvier 1903, 1, 344.
[2] Trib. civ. Carcassonne, 15 mai 1902, Mén. : 1, 104.
[3] Trib. Bagnères-de-Bigorre, 31 décembre 1902 Mén. : 1, 334.

Il semble bien que l'opinion que soutiennent ces arguments nous donne exactement la conception de la situation des congrégations au cours du délai : il leur est accordé, pour délibérer et pour prendre parti sous la condition suspensive qu'elles formeront leur demande d'autorisation. Si la congrégation attend jusqu'au 2 octobre, si elle laisse courir le délai, quel sera l'effet de son expiration ? Ce sera de faire présumer, la demande n'étant pas formée à cette date extrême, une renonciation tacite à la faculté de se faire autoriser, une reconnaissance volontaire et consciente d'un état illicite. D'où nous pouvons conclure que si, au cours du délai, la congrégation liquide elle-même, elle anticipe cette renonciation ; de tacite, elle la rend expresse. Il est certain que la demande, désormais, ne sera pas formée, et, *à fortiori*, elle tombe sous le coup de l'article 18, au même titre et en vertu du même raisonnement qui l'y aurait fait tomber si elle eût attendu l'expiration du délai.

Mais si cette analyse nous conduit à nous rallier aux décisions citées, il faut cependant constater qu'aucune d'elles ne répond directement à l'argumentation de la Cour de Rennes.

Si l'arrêt du 27 novembre 1902 déclare valable la liquidation amiable, c'est parce que la congrégation, en vertu de la loi même, n'a pas d'existence de fait et que ce serait la lui reconnaître que la traiter comme illicite avant l'expiration du délai, et lui imposer les formes de liquidation de l'article 18, alors qu'elle

3

s'est soumise à la loi. Tel est le raisonnement en vertu duquel s'est décidée la Cour de Rennes.

Mais n'est-il pas possible de le réfuter en raisonnant comme nous l'avons fait précédemment? Ne pourrait on pas dire que la congrégation peut exister en fait comme illicite, et que la loi reconnaît cette sorte d'existence, puisque, dans les articles 7 et 8, elle en édicte les sanctions et que la congrégation qui liquide elle-même affirme, mieux qu'elle ne pourrait le faire en attendant l'expiration du délai, non pas, comme on l'a dit, sa soumission à la loi, mais, au contraire, la volonté évidente de s'y soustraire. D'ailleurs, avant le 1er juillet 1901, son existence était déjà illégale, et depuis cette date et dès la promulgation, elle est assujettie au point de vue civil [1], pour la liquidation de ses biens, aux règles de l'article 18 [2].

Nous admettons donc sans réserve les solutions actuelles ; l'arrêt de la Cour de Rennes demeurera, suivant les tendances de la jurisprudence, isolé [3].

Nous avons ainsi délimité le champ d'application de l'article qui fait l'objet de notre étude. Nous avons admis que sa portée était strictement limitée :

[1] Au point de vue pénal, ses membres peuvent être passibles des peines des articles 7 et 8 (Circulaire ministérielle du 25 septembre 1901).

[2] Circulaire du Garde des Sceaux, 24 septembre 1901 — Trouillot et Chapsal : Du contrat d'association, p. 336.

[3] Dans le sens que nous avons indiqué : Cass. 9 février 1904 ; Pand. Fr. 1904, 1,337.

1° Aux congrégations non autorisées (fussent-elles reconnues) ;

2° Et, parmi ces congrégations, seulement à celles existantes au 1er juillet 1901 ;

3° Nous avons enfin admis que la congrégation qui se dispersait volontairement après cette date rentrait dans cette catégorie.

Connaissant maintenant les congrégations que la loi frappe de la dissolution de plein droit, il est d'un ordre tout naturel de passer à l'étude des premiers effets de cette dissolution, à la plus immédiate de ses suites : la nomination du liquidateur et ses conséquences juridiques.

TITRE DEUXIÈME

NOMINATION ET POUVOIRS DU LIQUIDATEUR. — CARACTÈRE DE SA MISSION

---

1. — NOMINATION DU LIQUIDATEUR

Pour les congrégations dont nous venons de déterminer les caractères, la dissolution a lieu de plein droit. Au cours du délai, c'est la dispersion volontaire, et à l'expiration du délai, le défaut de demande d'autorisation ou son refus, qui déterminent cet effet. Sans qu'aucun jugement intervienne, l'accomplissement d'un de ces faits constitue, par lui-même, la congrégation en état d'association illicite, ses membres sont coupables des délits prévus et punis par les articles 14 et 16 et les biens détenus par elle sont, désormais, sujets à être liquidés.

Ces conséquences se produisent : du jour de l'expiration du délai, pour les congrégations qui n'ont pas formé de demande ; du jour où le refus d'autorisation leur a été régulièrement notifié, conformément à l'article 25 du règlement d'administration publique, pour celles qui ont formé une demande [1]; enfin, du jour où la liquidation amiable a été commencée, pour les congrégations qui se sont dispersées volontairement avant le 2 octobre 1901, et pour lesquelles nous avons admis l'applicabilité de l'article 18. C'est, en effet, à partir de ces dates seulement, qu'il devient certain que l'autorisation ne sera ni demandée, ni obtenue.

Mais l'effet du défaut d'autorisation remonte au jour de la promulgation de la loi. Décider que les congrégations ne seront dissoutes que du jour du refus d'autorisation ou du jour du commencement de la liquidation amiable, ce serait leur reconnaître jusqu'à cette époque une sorte d'existence, et, en tout cas, rendre plus difficile l'appréciation de la détention des biens. Il semble donc plus rationnel de décider que la dissolution remonte rétroactivement au jour de la promulgation de la loi [2].

[1] Ces congrégations devaient, conformément à l'article 16 du décret du 16 août 1901, et à l'arrêté ministériel qui devait en assurer l'exécution, annexer à la requête à fin d'autorisation produite au Ministère de l'Intérieur, des exemplaires des statuts approuvés par l'évêque, un état des biens, meubles et immeubles, un état de tous les membres de la congrégation.

L'article 6 de l'arrêté du Ministre de l'Intérieur, du 1er juillet 1901, disposait qu'un récépissé des pièces énumérées ci-dessus serait délivré au moment du dépôt. C'est par la production de ce récépissé que la congrégation, une fois le délai expiré, pourra, en prouvant qu'elle a fait les diligences nécessaires et qu'elle est encore en instance d'autorisation, repousser les poursuites jusqu'au moment où il interviendra, à son sujet, une décision définitive.

[2] Dans ce sens : Trib. civ. de la Seine, 1re chambre, 24 janvier 1903. — En sens contraire : Trib. civ. de la Seine (même chambre), 5 mai 1904. Gaz. pal.. 1904, 2, 29.

L'article 18, § 2, décide expressément qu'à
défaut de la justification que la demande d'autorisation a été formée, les congrégations non autorisées
« seront dissoutes de plein droit ».

Ce texte est suffisamment précis par lui-même.
De plus, la solution qui en découle est confirmée par
ce fait que le Sénat a rejeté un amendement de
M. Tillaye, tendant à faire prononcer la dissolution
par jugement[1].

Cet effet se produit du jour où, comme nous l'avons
indiqué plus haut, la situation de la congrégation
est fixée quant à l'autorisation. Dès lors, l'article 18,
§ 3, prescrit au Ministère public de demander, au
tribunal compétent, la nomination d'un liquidateur.

Quel sera le tribunal compétent pour procéder à
cette nomination[2] ? L'article 1er du Décret du 16 août
1901 décide implicitement que le tribunal compétent
est celui de l'arrondissement où se trouve le siège
principal de la congrégation dissoute. En effet, cet
article impose au Ministère public l'obligation d'assurer « dans l'arrondissement où siège le tribunal
ainsi que dans chacun des arrondissements où sont
situés les établissements de la congrégation, la publicité du jugement qui a nommé le liquidateur. » On en

[1] Journ. off. Sénat, séance du 23 juin 1901, p. 1045.
[2] Les règles relatives à cette première période de la procédure de
liquidation sont contenues dans le décret du 16 août 1901 et la circulaire du garde des sceaux du 25 septembre de la même année, et non
dans la loi elle-même,

conclut que c'est ce tribunal qui doit seul nommer le liquidateur.

Il pourra être difficile de distinguer le siège principal. Se fondera-t-on sur l'importance pécuniaire des biens situés dans l'arrondissement? Mais il pourra se faire que la direction administrative effective parte d'un établissement d'une moindre importance? Choisira-t-on alors le centre d'intérêts ou celui de direction? C'est une question d'appréciation, mais de la solution de laquelle il semble ne pouvoir résulter une incompétence absolue pour le tribunal ni une nullité radicale du jugement. Le but de la loi est uniquement de centraliser les opérations relatives à la liquidation, mais elle n'attribue, à peine la nullité, de compétence exclusive à aucun tribunal. C'est un choix à faire suivant les circonstances; il semble que ce devra être tantôt le centre d'affaires qui constituera le siège principal, tantôt le centre moral, selon le but de la congrégation.

Ce jugement est rendu sur requête du procureur de la République en chambre du conseil. Il le sera hors la présence des intéressés. En effet, il ne préjudicie en rien à leurs droits; il leur donne, au contraire, ouverture.

De plus, les personnes que le jugement peut intéresser, très nombreuses d'ailleurs, demeurent inconnues; ce seront: les membres de la congrégation qui auront des reprises à effectuer, les représentants des donateurs ou des testateurs, les donateurs eux mêmes, tous ceux enfin auxquels la loi de

1901 donne des droits sur les biens détenus par la
congrégation. Il serait donc impossible, au moment
de la nomination du liquidateur, de les connaître[1].

Enfin, si l'article 18 ordonne la publication du
jugement nommant le liquidateur, c'est que les
intéressés sont présumés par la loi n'en avoir pas eu
directement connaissance[2].

Il est donc impossible que ce jugement soit rendu
contradictoirement; d'ailleurs, la loi ne prescrivant
aucune capacité particulière, aucune condition d'aptitude dans la personne du liquidateur, les parties,
même s'il était possible de les connaître et de les
assigner, n'auraient aucun droit à faire valoir pour
s'opposer à sa nomination.

Le jugement rendu, l'article 18 en assure la publicité. Il doit être rendu public dans la forme prescrite
pour les annonces légales. Les insertions sont faites
aux frais de la congrégation et payées à l'aide des
deniers détenus par elle. Si ces deniers sont insuffisants pour couvrir les frais, l'avance en est faite par
le Trésor public[3].

La décision nommant le liquidateur rendue et
publiée, les tiers intéressés peuvent alors se faire
connaître. Il y aura des intéressés qui pourront faire
valoir leurs droits auprès du liquidateur; ce sont les
congréganistes, les donateurs, toutes les personnes
auxquelles nous faisions allusion plus haut. L'ouver-

---

[1] Trib. civ. Bordeaux, 9 juillet 1902. — Recueil de Ménage, 1, 155.
[2] Circulaire ministérielle du 25 septembre 1901.
[3] Art. 1 et 4. Décret 16 août 1901.

ture de la liquidation et la nomination du liquidateur ne portent aucun préjudice à l'exercice de leurs droits, puisque, tout au contraire, elles leur permettent de les exercer régulièrement

Mais ces mêmes personnes peuvent cependant estimer qu'elles ont intérêt à maintenir le *statu quo*, à continuer l'association, et, pour mettre à néant la décision qui nomme le liquidateur, à contester l'état de dissolution. Par quelle voie pourront-elles y parvenir ?

Le droit à l'appel et au pourvoi ne sauraient appartenir qu'aux parties déjà en cause Dans l'espèce qui nous occupe, le Ministère public requérant a seul ce droit.

Le droit à l'appel n'appartiendrait aux tiers que s'ils étaient constitués demandeurs intervenant au cours du procès. En dehors de ce cas, il ne leur resterait que la voie de la tierce-opposition.

Avant d'examiner la question de la recevabilité de la tierce-opposition, il importe de nous demander si l'opposition serait recevable contre un tel jugement. L'opposition n'appartient, comme l'appel, qu'aux parties mises en cause par les demandes introductives d'instance ou à celles qui se sont, elles-mêmes, mises en cause par un acte régulier d'intervention. Hors de cette dernière hypothèse, il semblerait donc que ni les congréganistes, ni aucune des personnes auxquelles l'article 18 donne des droits à faire valoir contre la liquidation ne puisse employer l'opposition.

Cependant, la Cour de Paris [1] a décidé qu'une congrégation peut recourir contre ce jugement par la voie de l'opposition. Les motifs sur lesquels cette décision est fondée sont les suivants : la règle de droit naturel, que nul ne peut être jugé sans avoir été entendu, s'applique, en l absence de dispositions contraires, à toutes les décisions judiciaires, encore qu'elles soient rendues sur requête, qui statuent sur des questions susceptibles de contestation. Par suite, toute décision judiciaire, émanât-elle de la Chambre du conseil, peut être attaquée par tous ceux à l'égard de qui elle juge une question contentieuse, ou à qui elle préjudicie, sous cette distinction que le recours sera qualifié tierce-opposition ou opposition, suivant qu'il émanera d'un tiers ou d'une partie directement visée par la décision attaquée. Or, puisque la congrégation est directement visée par le jugement qui la pourvoit d'un liquidateur, elle doit être déclarée recevable à recourir contre ce jugement par la voie de l'opposition.

Quoiqu'on puisse peut-être objecter que le fait que la congrégation est directement visée par le jugement n'équivaut pas à une mise en cause et qu'elle est, non pas une partie défaillante, mais un tiers, la solution que donne cet arrêt serait rigoureusement exacte, si la décision attaquée constituait un véritable jugement. La Cour de Paris pose, en effet, comme prémisses du raisonnement sur lequel elle fonde sa

[1] C. de Paris, 10 février 1904. Gaz. Pal., 1904, 2, 664.

décision, que, « si le jugement qui nomme un liqui-
» dateur n'a, pour tous autres que la congrégation,
» que le caractère d'un simple acte d'administration,
» ne préjugeant rien et ne préjudiciant à personne,
» néanmoins ce même jugement a une tout autre
» portée et prend un tout autre caractère au regard
» de la congrégation elle-même, dont il a pour pre-
» mier effet, fatal et nécessaire, d'affirmer la disso-
» lution préalable et de consacrer l'inexistence juri-
» dique. Par suite, une telle décision, loin de ne rien
» juger à l'égard de la congrégation à laquelle elle
» s'applique, juge, au contraire, implicitement, mais
» nécessairement, que la congrégation est dissoute
» et n'a plus d'existence légale »

Ainsi, la décision qui nomme un liquidateur à une
congrégation dissoute n'a, pour tous autres que la
congrégation, que le caractère « d'un simple acte
d'administration » (ce qui, notons-le en passant,
exclut, pour les tiers, la possibilité de la tierce-opposition), mais cette décision conserve le caractère d'un
jugement vis-à-vis de la congrégation elle-même, qui
peut seule la frapper d'opposition.

Sans insister sur la contradiction qu'il y a à considérer une décision comme constituant un véritable
jugement à l'égard de certains, et un simple acte
d'administration à l'égard de certains autres, ou sur
l'anomalie qu'il y a à fermer la voie de la tierce-
opposition contre une décision qui reste susceptible
d'opposition à l'égard d'une partie qui n'est évidemment pas appelée en cause, il suffit de remarquer que

l'arrêt de la Cour de Paris relève lui-même, en termes très forts, les caractères qui font de cette décision un acte d'administration, et cela même à l'égard de la congrégation. Elle a « pour premier effet, *fatal et nécessaire*, d affirmer la dissolution préalable et de consacrer l'inexistence juridique » Elle déclare « implicitement mais *nécessairement* que la congrégation est dissoute et n'a plus d'existence légale ». La dissolution a lieu de plein droit et sa constatation est, en effet, nécessaire et fatale dans le jugement, qui est rendu sur requête du Ministère public. Ce caractère de nécessité, qui fait de la décision un acte d'administration, n'existe-t-il pas aussi bien à l'égard de la congrégation qu'à l'égard des tiers ?

Il n'y a aucune raison de donner à la décision attaquée un caractère mixte et de ne pas déclarer que l'opposition formée par les congréganistes n'est pas plus recevable que la tierce-opposition formée par des tiers ; ou plutôt, il peut bien avoir une raison—et c'est celle qui paraît avoir entraîné la décision que nous avons rapportée — : c'est que la règle de droit naturel, consacré par les articles 149 et suivants, et 474 et suivants du Code de procédure civile, que nul ne peut être jugé sans avoir été entendu, s'applique en l'absence de dispositions contraires. En d'autres termes, les congréganistes peuvent avoir de justes motifs de contester l'état de dissolution de la congrégation, et il est désirable qu'ils puissent le faire, mais il n'est pas nécessaire d'admettre, pour atteindre ce résultat, un caractère mixte dans la décision qui nomme le liquidateur. Comme nous le verrons en traitant de la recevabilité de la tierce-opposition, il restera aux congréganistes l'action en nullité qui peut atteindre les actes de juridiction gracieuse et par laquelle ils pourront arriver au même résultat.

Ni l'opposition, ni l'appel n'étant recevables contre ce jugement, la tierce-opposition est-elle recevable en la forme ?

La réponse à cette question dépendra du parti que l'on prendra sur le point de savoir si cette voie de recours est ouverte contre les décisions gracieuses, rendues sur requête, sans assignation de qui que ce soit. La Jurisprudence, assez nombreuse sur ce point spécial, en ce qui concerne les congrégations, est très variable. Dans la presque totalité des espèces, elle a repoussé les tierce-oppositions ainsi formées, mais quelquefois par des moyens tirés du fond, et comme mal fondées, tout en les déclarant recevables en la forme.

Pour rechercher la solution exacte de la question ainsi posée, nous constaterons en premier lieu que, en principe, même en matière contentieuse, les *jugements qui créent un nouvel état de choses* ne sont pas (sauf le cas de fraude (art. 1147 du Cod. civ.) et sauf aussi les jugements déclaratifs de faillite (art. 850, Cod. comm.), susceptibles d'être attaqués par la voie de la tierce-opposition. A plus forte raison, il en sera de même si ces décisions sont des décisions gracieuses,

puisqu'elles sont aussi des jugements créant un nou·
vel état de choses.

Il importe donc de savoir si le jugement de nomination du liquidateur est réellement une décision gracieuse. Or, il faut voir, dit M. Garsonnet, « la carac-
» tère essentiel de la juridiction gracieuse dans le
» fait qu'elle s'exerce sur des demandes qui, ne
» paraissant pas devoir soulever de contradiction et
» rencontrer d'adversaires, n'ont pas d'adversaire
» connu ou présumé [1] ». Et nous avons admis, avec
le Tribunal de Bordeaux, qu'il était matériellement
impossible de connaître les adversaires présumés que
pourra rencontrer le jugement qui nous occupe.
En effet, il n'y aura aucun intérêt à faire tomber ce
jugement pour les tiers, dont la procédure prescrite
par l'article 18 sauvegarde, consacre même les
droits, et aucun intérêt pour les congréganistes qui
pourront, eux aussi, désormais, faire valoir leurs
droits. Le jugement qu'ils prétendraient attaquer,
bien loin de préjudicier aux droits de ces deux catégories de personnes, leur donne, au contraire, un
grand avantage, celui d'avoir désormais un contradicteur légal : le liquidateur.

Les uns et les autres se trouvent d'ailleurs en présence d'un acte créant un nouvel état de choses, d'une
mesure destinée à sauvegarder des intérêts d'ordre
public, presque un acte de puissance publique, qui
même, en matière contentieuse (comme par exemple,
un jugement de séparation de corps et de divorce),

[1] Garsonnet. Traité de procédure civile, p. 230, n° 1450, t. VII.

ne saurait être attaqué par la voie de la tierce-opposition.

De plus, comme nous le verrons plus loin, l'unique motif sur lequel on pourrait fonder la tierce opposition serait l'existence de la congrégation, la non-dissolution, de plein-droit, pour ainsi dire, d'où résulterait logiquement l'inopportunité de la décision nommant le liquidateur et sa nullité [1]. Or, la dissolution a lieu de plein droit (art. 18, § 2), et elle résulte de faits qu'il est facile de constater : le défaut de demande d'autorisation ou le refus d'autorisation. Ces faits une fois constatés, on rechercherait vainement un motif raisonnable d'attaquer une décision imposée par la loi même, suite fatale de ce fait : la dissolution de plein droit, pas même la fraude qui est impossible en fait, puisque cette décision est sollicitée par le ministère public, auquel la loi en impose l'obligation. Et de plus, il n'y a aucune critique à faire du choix du liquidateur par le tribunal, puisque la loi n'exige dans sa personne aucune condition de capacité ou d'aptitude et que, par conséquent, ce choix est fait discrétionnairement.

La dissolution de plein droit est un fait ; fait évident, d'une constatation facile ; le jugement ne la prononce pas, il ne fait que la constater. Si l'on considère que la nomination du liquidateur, unique objet de la décision intervenue, ne peut être attaquée par

[1] C'est bien le mot « nullité », qu'il faut employer, puisque ce jugement est un acte de juridiction gracieuse, auquel ne s'applique pas la règle. « Voies de nullité n'ont pas lieu contre jugements. »

aucun motif acceptable, il faut bien dire qu'attaquer cette décision, c'est contester la dissolution.

Est-ce à dire que, si les congréganistes ont des motifs de contester l'état de dissolution de la congrégation, ils ne pourront les faire valoir? Ne pourront-ils pas, s'ils pensent que la congrégation n'est pas dissoute, et en attendant que les pouvoirs compétents aient statué sur cette question, s'opposer à l'immixtion du liquidateur? Malgré la rareté des cas où cela pourra être possible, il faut admettre, semble-t-il, l'affirmative. Mais ils ont, pour cela, une autre voie que celle de la tierce opposition. Ils peuvent assigner le liquidateur pour s'entendre condamner à reconnaître que, la congrégation n'étant pas dissoute, elle est demeurée propriétaire, et n'est nullement dessaisie de l'administration des biens qu'elle détenait.

Ils pourront aussi agir en nullité. La règle « voies de nullité n'ont lieu contre jugements » ne saurait s'appliquer ici, puisqu'il ne s'agit pas d'un jugement, mais d'un simple acte « contre lequel tout tiers lésé doit pouvoir faire valoir son droit »[1].

D'ailleurs, comme nous admettons que nous nous trouvons ici en matière gracieuse, il faut se conformer complètement aux règles ordinaires de la matière. Or, la juridiction gracieuse est aussi appelée volontaire, puisqu'elle s'exerce « entre parties » d'accord, dont rien ne révèle encore le désaccord. »

[1] Trib. civ. Bordeaux, 7 juillet 1902. — Recueil de Ménage, 1, 155.

Mais si ce désaccord survient, si le contradicteur encore inconnu surgit, si l'adversaire ignoré se fait connaitre, le caractère gracieux de la décision intervenue disparaît. Il est désormais impossible de procéder en Chambre du conseil ; il faut porter l'affaire à l'audience ordinaire du Tribunal et juger contentieusement. Il faut donc admettre que, si un intéressé se présentait, il pourrait, avant que le jugement soit rendu, faire trancher par le Tribunal la question de savoir si, en fait, l'accomplissement des formalités qui entraînent la dissolution de plein droit est constaté, et cela par une décision contentieuse rendue contradictoirement entre parties.

A l'appui de la théorie que nous avons exposée au sujet de la recevabilité de la tierce-opposition, et qui consiste à dire : que le jugement nommant le liquidateur n'a d'autre objet que cette nomination, que cet acte a, par lui-même, le caractère de décision gracieuse, que la dissolution n'est pas en cause, puisqu'elle préexiste au jugement, et que, d'ailleurs, il y a d'autres moyens de la mettre en discussion, si, par extraordinaire, cela était possible, à l'appui de cette théorie, l'examen de quelques-uns des moyens donnés comme fondement aux tierce-oppositions formées contre divers jugements nous montrera que ce que l'on remet ici en cause, c'est la non-dissolution, c'est l'existence même de la congrégation.

Les intéressés ont soutenu, pour arriver à la rétractation du jugement nommant le liquidateur,

4

tantôt, que la liquidation amiable dans le délai de
trois mois rendait la liquidation judiciaire inutile,
tantôt que la demande d'autorisation n'avait été
repoussée que par une seule Chambre, alors qu'elle
aurait dû l'être par le Parlement[1]. Ce sont là les deux
moyens principaux généralement employés.

Tous les jugements qui ont admis la recevabilité de
la tierce-opposition au fond ont décidé ainsi parce
qu'ils ont admis la non-dissolution, de même que
tous ceux qui l'ont repoussée, également au fond,
ont décidé ainsi parce qu'ils ont admis le fait de la
dissolution[2]. Mais il semble que ceux-là seuls ont

[1] Le premier moyen a été examiné au chapitre précédent. Quant au
second, la jurisprudence ne l'a pas admis davantage. L'argument
était présenté de la manière suivante : la loi de 1901 n'était pas très
explicite sur la manière dont l'autorisation serait refusée. Elle
employait simplement le mot « loi nécessaire à l'autorisation. »
L'article 20 de la loi donnait délégation au Gouvernement pour assurer, par règlement d'administration publique, l'exécution de la loi.
En vertu de cette délégation, l'article 21 du décret du 16 août décida
que le Ministre soumettrait « au Parlement les projets de loi tendant
soit à accorder, soit à refuser l'autorisation ». D'après ce dernier
texte, il aurait donc fallu un vote des deux Chambres pour refuser
l'autorisation. Les congréganistes qui s'opposaient au jugement de
liquidation excipaient de ce texte. Mais on leur opposa le décret du
24 novembre 1902, par lequel le Gouvernement est autorisé à soumettre les demandes à l'une ou l'autre Chambre, décret certainement
applicable, puisqu'un décret peut toujours abroger un autre décret.
On considéra donc cette abrogation du décret du 16 août par celui du
24 novembre, comme légale, à raison du peu de précision de la loi, en
ce qui concerne le refus d'autorisation. (Trib. civ. Seine, 15 juillet
1902. Recueil de Ménage, II, 192.)

[2] Trib. de la Seine, 15 juillet 1903 ; Mén. 2, 192. — Trib. de la
Seine, id.; Mén. 2, 195. — Tribunal d'Uzès, 6 janvier 1903 ; Mén. 1,
344.

jugé conformément aux principes qui ont admis la
non recevabilité de la tierce-opposition en la forme,
car il ne pouvait être plus question de la dissolution,
mais seulement de la nomination du liquidateur.

En somme, le jugement nommant le liquidateur
constituant une décision gracieuse, il en résulte que
la tierce-opposition n'est pas recevable contre cette
décision[1], mais il reste aux intéressés l'action principale[2] contre le liquidateur et l'action en nullité. De
plus, s'ils contestent, avant le jugement, le fait de la
dissolution de plein droit, il n'est plus possible pour
le tribunal de considérer comme acquis un fait contesté et de fonder sur ce fait le jugement de liquidation ; il faudra donc qu'il donne une solution à ce
point litigieux. Il pourra d'ailleurs le faire implicitement en passant outre. Quant à l'appel et au pourvoi,
nous avons vu qu'ils ne sauraient appartenir qu'au
ministère public.

II. — Pouvoirs du Liquidateur

Le liquidateur désigné dans les conditions que nous
avons déterminées au chapitre précédent, il y a lieu
maintenant de se demander quels seront ses pouvoirs, quelle sera la limite de ses attributions?

[1] Trib. Bressuire, 24 juin 1902. Recueil de Méu. I, 126. — Trib.
Bagnères-de-Bigorre, 3 décembre 1902. id., II, 334. — Trib. Seine,
19 mars 1903, id., I, 457.
[2] C'est ce qu'a fort bien mis en lumière la Cour de Rennes, dans
une autre hypothèse que celle qui nous occupe, mais où elle établit
aussi que l'administrateur ne pourra être critiqué que par voie d'ac-

A cette question, la loi répond : (art. 18, § 3) le liquidateur aura « pendant toute la durée de la liquidation tous les pouvoirs d'un administrateur-séquestre ».

Mais la loi ne nous donne ainsi qu'une détermination abstraite de ces pouvoirs ; elle nous donne simplement le caractère juridique de sa mission Il y aura donc lieu, après avoir déterminé abstraitement, d'après la loi, les pouvoirs généraux du liquidateur, de rechercher comment et dans quelles conditions de fait ils s'exerceront. Le fonctionnement précis d'une institution juridique ne saurait être prévu complètement dans tous ses détails par le législateur. La pratique seule révèle des difficultés de fait que l'imagination juridique la plus subtile n'aurait su prévoir et auxquelles il faut cependant apporter les solutions conformes au principe. Ce sont quelques-unes de ces difficultés que nous examinerons en dernier lieu.

Le premier objet de cette étude des pouvoirs du liquidateur sera donc la recherche de ses pouvoirs généraux ; le second : la constitution de la masse des biens à laquelle s'appliquent ces pouvoirs généraux ; le troisième : les questions particulières relatives à l'exercice de ces pouvoirs.

---

tion principale (Cour de Rennes, 15 décembre 1903. Gaz. du Palais, 30 décembre 1903). La loi a voulu un effet énergique et rapide ; elle a voulu écarter les exceptions par lesquelles on pourrait entraver les liquidateurs. D'ailleurs, la prise de possession du liquidateur ne préjuge pas les droits des tiers qui, comme le veut l'arrêt de Rennes, pourront les faire valoir principalement.

Nous rechercherons donc pour analyser exactement cette situation :

1° Quelle est la détermination abstraite des pouvoirs du liquidateur ;

2° Quelle est leur détermination concrète et objective ; c'est-à-dire à quels biens ils s'appliquent ;

3° Comment la jurisprudence a entendu l'application de ces deux déterminations dans les nombreux actes possibles de gestion ou de liquidation.

SECTION PREMIÈRE

DÉTERMINATION ABSTRAITE DES POUVOIRS DU LIQUIDATEUR

Nous remarquons tout d'abord que c'est le législateur lui-même qui impose au Tribunal, chargé de nommer le liquidateur, cette détermination. Le liquidateur aura donc, comme l'exige l'art. 18, tous les pouvoirs d'un administrateur séquestre et cela sans aucune limitation possible. Sa nomination même, comme nous l'avons vu, est une suite nécessaire de la dissolution de plein droit, nomination que le Tribunal ne pouvait éviter, une fois cette dissolution constatée. De même il ne saurait non plus modifier l'étendue ou la durée de ces pouvoirs, nécessairement prévus par la loi « pour toute la durée de la liquidation » et avec le caractère de ceux d'un administrateur-séquestre.

Quels sont ces pouvoirs ? C'est maintenant ce que nous devons rechercher. Peut-être serait-il plus conforme à l'ordre des faits tel que l'a prévu le législateur, ordre auquel nous conformons le plan général de cette étude, de rechercher d'abord de quels biens le liquidateur pourra se mettre en possession comme « détenus par la loi ». Mais il nous paraît plus conforme à l'ordre logique de déterminer d'abord abstraitement ces pouvoirs et de ne rechercher qu'en second lieu à quels biens ils s'appliqueront ou, en d'autres termes, de quels biens le liquidateur se mettra en possession comme détenus par la congrégation.

Le mot d'administrateur-séquestre par lequel la loi détermine ces pouvoirs est suffisamment explicite par lui-même et son interprétation ne peut prêter à aucune controverse.

Le séquestre judiciaire, tel que les articles 1956 et suivants du Code civil nous en donnent la notion, est le dépôt ordonné par justice d'une chose litigieuse entre les mains d'un tiers. Ce tiers est tenu de conserver et de rendre. Les articles 603 et suivants du Code de procédure civile lui interdisent de se servir des choses saisies, de les louer ou prêter à peine de privation des frais de garde, et de dommages intérêts « au paiement desquels il peut être contraignable par corps ». Si les objets saisis ont produit quelques profits ou revenus, il est tenu d'en rendre compte même par corps..., etc.

Nous retrouverons ces obligations et leur sanction en nous occupant de la responsabilité du liquidateur et de ses charges. Après les avoir mentionnées som-

mairement, il nous suffit, pour le moment, de constater qu'à ne considérer que les pouvoirs du liquidateur, en tant que gardien-séquestre seulement, il est
simplement tenu de conserver et de rendre sans
autre pouvoir sur les biens séquestrés que ceux que
nécessite leur conservation.

Mais à côté de ce rôle passif, la loi a donné aussi
au liquidateur un rôle actif. Le liquidateur-séquestre
est aussi administrateur. A raison des longueurs et
des difficultés probables de la liquidation de biens
souvent considérables, indivis entre un grand nombre de personnes, et dont les origines de propriété
seront souvent obscures et enchevêtrées, il fallait que
le liquidateur-séquestre, dans l'intérêt de tous, revendiquants étrangers à la congrégation ou membres
de cette dernière, eût le pouvoir de maintenir la valeur
des biens sujets à la liquidation et d'en percevoir les
revenus, c'est-à-dire d'administrer.

Il aura donc, comme tel, les pouvoirs que la loi
reconnaît aux administrateurs, au tuteur légal ou au
mari. Il pourra, en ce qui concerne les immeubles,
les donner à bail pour des périodes de neuf ans au
plus, percevoir les loyers et fermages, faire les récoltes, toucher les créances échues et les intérêts des
créances non échues, en donner quittance, vendre le
mobilier sujet à dépérissement, acheter ou compléter
le mobilier nécessaire à l'exploitation ; engager toutes
les instances nécessaires à la conservation des biens,
défendre à toutes les actions intentées contre lui à
leur sujet.

A ces pouvoirs déjà très étendus, l'administrateur-séquestre en ajoute d'autres. Comme gardien-séquestre et comme administrateur, il est tenu de conserver et de rendre, c'est-à-dire de représenter *in specie* les biens qui lui ont été confiés. Mais il est aussi liquidateur, c'est-à-dire chargé de constituer l'actif net de la congrégation et de le répartir entre les ayants-droits et pour cela de vendre les biens qui lui ont été donnés en garde[1].

Mais il importe de remarquer que ces deux groupes de fonctions, celles d'administrateur-séquestre et celles de liquidateur, celles qui consistent à conserver et à administrer et celles qui consistent à vendre, ne se confondent pas dans le temps. Elles demeurent, au contraire, parfaitement distinctes. En effet, chacun des immeubles dont le liquidateur s'est mis en possession, et qu'il a fait rentrer dans l'actif brut à liquider, se trouve pendant un délai de six mois sous la menace d'une action en revendication ou en reprise exercée par un donateur, un représentant d'un testateur ou par un membre de la congrégation ; la vente de cet immeuble ne sera possible qu'après l'expiration de ce délai « Passé ce délai, dit le paragraphe 10 de

---

[1] Les pouvoirs du liquidateur des biens des congrégations dissoutes se rapprochent des pouvoirs accordés par la jurisprudence au séquestre-liquidateur nommé au cas de déconfiture d'un non-commerçant. Dans la théorie que la jurisprudence avait essayé de faire passer dans la pratique ce séquestre-liquidateur aurait eu aussi la mission de conserver, d'administrer et de liquider : Cass. 26 mai 1853, Sir. 55, 1, 102. — Douai, 3 décembre, 1867. Sir : 68, II, 35. — Paris, 15 avril 1885. Sir : 87, 2, 183. — Nancy, 31 octobre 1885. Sir : 1886, 2, 239.

l'article 18, le liquidateur procédera à la vente en justice de tous les immeubles qui n'auraient pas été revendiqués. » Ce délai de six mois sera même prolongé en fait jusqu'à ce que les tribunaux compétents aient statué sur les actions intentées. Les fonctions d'administrateur-séquestre du liquidateur persisteront jusqu'à ce qu'une décision définitive soit intervenue sur le sort des biens objets de ces actions. Le liquidateur restera donc simplement chargé de conserver et d'administrer, pendant six mois à dater du jour de la dissolution pour les biens au sujet desquels aucune demande ne sera formée dans ce délai, et, jusqu'à décision définitive pour les biens qui demeureront litigieux au-delà de ce délai, à la suite de l'introduction de la demande en revendication ou en reprise.

A ne considérer que chaque bien pris individuellement, en particulier, la détermination abstraite des pouvoirs du liquidateur est donc très nette : administrateur-séquestre de ce bien déterminé, il ne devient liquidateur que lorsque, soit par l'expiration du délai de six mois, sans qu'une instance soit engagée, soit par une décision judiciaire rejetant définitivement les demandes en revendication, le bien est attribué irrévocablement à la liquidation.

Mais, à considérer en bloc les biens composant l'actif de la congrégation, reste-t-il simplement administrateur séquestre, même des biens définitivement acquis à la liquidation, tant qu'il y a d'autres biens en litige et dont le sort n'est pas définitivement

réglé, ou bien devient-il liquidateur, c'est-à-dire
acquiert-il le pouvoir de vendre chaque bien particulier, dès qu'il est certain que le bien est acquis à
la congrégation? En d'autres termes, ces pouvoirs
généraux d'administrateur-séquestre, simplement
chargé d'administrer et de conserver, ne se trans-
forment-ils en pouvoir de vendre que lorsque l'actif
en est définitivement constitué et qu'on connaît la
consistance totale des biens autrefois détenus par la
congrégation?

A raison de la clarté même des termes du paragraphe précité, on doit penser que le liquidateur-
séquestre voit ses pouvoirs de liquidateur naître sur
chaque bien, dès qu'il est définitivement acquis à la
masse des biens soumis à la liquidation, c'est-à-dire
dès que le délai de six mois est expiré sans qu'il ait
été formé de demandes en revendication ou en
reprise, ou que, une demande ayant été formée dans
dans ce délai, il est intervenu à son sujet une décision définitive attribuant l'immeuble à la masse à
liquider.

Mais cependant, si le liquidateur procédait ainsi à
des ventes de chaque immeuble, individuellement,
au fur et à mesure que sa situation est définitivement
réglée, il s'ensuivrait une augmentation de frais
considérable ; pour chaque vente, il faudrait un jugement rendu sur requête et de nouveaux frais de publicité ; il est donc préférable, et c'est la pratique généralement suivie, de ne vendre que les immeubles ou
les meubles sujets à dépérissement ou improductifs.

Quant aux meubles ou immeubles qui demeurent productifs et que le dépérissement ne menace pas, il est d'une meilleure administration d'attendre que le sort de tous les biens soit définitivement réglé dans leur ensemble pour procéder à leur vente en bloc, de façon à n'avoir à obtenir qu'un jugement et des frais de publicité à faire que pour une seule vente. Le devoir strict du liquidateur est d'augmenter, par toutes les économies possibles à réaliser, l'actif net qui doit être réparti entre les ayants droits, et cette façon de procéder répond assurément à ce devoir.

SECTION DEUXIÈME

APPLICATION CONCRÈTE ET OBJECTIVE DES POUVOIRS DU LIQUIDATEUR

Après avoir déterminé les pouvoirs généraux du liquidateur comme nous l'avons fait au chapitre précédent, il importe d'examiner à quelles sortes de biens vont s'appliquer ces pouvoirs La mission du liquidateur est de parvenir à la constitution de l'actif net. Mais il serait impossible d'arriver directement à cette constitution ; il est nécessaire de passer d'abord, comme intermédiaire, par la constitution de l'actif brut. L'objet de ce chapitre est l'étude de la constitution et de la gestion de cet actif brut.

Nous verrons ensuite comment, par l'exercice des actions en revendication et en reprise, les tiers viendront compléter, et en quelque sorte, seconder l'œuvre du liquidateur et, par leurs actions et leurs réclamations sur l'actif brut, travailleront aussi, par un effort inverse du sien, à l'élaboration de l'actif net. Pour le moment, nous n'aurons en vue que la façon dont le liquidateur doit constituer et gérer cet actif brut.

1° Quels biens doivent rentrer dans la masse à liquider

Le § 3 de l'article 18 s'exprime ainsi : « La liqui- » dation des biens détenus par elles (les congréga- » tions) aura lieu en justice ». Il semble résulter clairement de l emploi même des mots « détenus », que tous les biens sur lesquels la congrégation exer- cera une simple détention doivent tomber sous la garde et l'administration du liquidateur.

Il est à peine utile de différencier, tant la distinc- tion e-t classique, la détention d'autres états avec les- quels on pourrait la confondre et notamment de la possession. La possession est le droit matérialisé, l'*animus* et le *corpus* entièrement réunis ; elle est le fait de celui qui se comporte en maître sur une chose, en ayant ou non le droit ; elle est le fait du possesseur de bonne ou de mauvaise foi, mais qui entend par la prescription parvenir à l'acquisition de la propriété et qui a l'*animus rem sibi habendi*.

La détention est d'ordre un peu inférieur. Elle est un simple état de fait, le *corpus* sans l'*animus*, un pur contact matériel avec la chose, sans aucun élément intellectuel. Le locataire, le créancier gagiste, le commodataire sont détenteurs. Ils ne possèdent pas *animo domini*, mais ils détiennent matériellement.

C'est cet état purement matériel que la loi de 1901 a entendu viser, à n'en pas douter, quand elle a employé dans son article 18 les mots « biens détenus ».

Il est bien certain que l'intention du législateur était d'obtenir un effet énergique. Il avait à réagir contre une longue pratique antérieure et, comme on l'a dit, il désirait « obtenir une dispersion com- » plète et immédiate de tous les biens » et pour obtenir cette dispersion complète, pour arrêter la constitution de fait des patrimoines illégalement acquis par les congrégations non autorisées, un seul moyen s'offrait à lui : c'était de saisir immédiatement tous les biens qu'un fait matériel, extérieur, révélerait comme pouvant appartenir à ces dernières, quitte après cette main mise à restituer au propriétaire revendiquant le bien qu'une suspicion nécessaire aurait passagèrement frappé.

Toutes les mesures que prescrit la loi, comme nous l'avons déjà vu, sont aussi rigoureuses et opèrent ainsi presque automatiquement. La dissolution a lieu de plein droit ; après la dissolution, la nomination du liquidateur a lieu sans qu'on puisse la critiquer (choisi, comme il l'est, discrétionnairement par le tribunal) ; maintenant, aussitôt le liquidateur nommé, tous les biens que la congrégation détient tombent sous son pouvoir. Tous les immeubles que

la congrégation aura tenus en contact matériel, à un
titre quelconque, seront donc sujets à la liquidation
si, dans les six mois, son propriétaire n'a pas formé
une action en revendication tendant à l'y soustraire,
ou qu'il n'ait pas réussi dans cette action.

En effet, cette solution est conforme au caractère
rigoureux de la loi ; la dissolution, la nomination du
liquidateur, les termes même employés par la loi,
pour désigner les biens qui devront être soumis à la
liquidation, tout y est rigoureux ; rien n'y peut être
question d'appréciation. Le législateur a voulu, tout
en assurant la sauvegarde des droits des intéressés,
que cette première partie de la procédure de la liquidation soit presque automatique et, notamment, il a
voulu que le liquidateur prît possession des biens
avec lesquels la congrégation avait un simple contact
matériel.

Voilà, dira-t-on, une nouvelle catégorie de sus-
pects, des biens sur lesquels un simple contact avec
la congrégation jette une suspicion dont le résultat
sera de dépouiller leurs propriétaires jusqu'au
moment où une décision judiciaire sera intervenue
pour les soustraire à la liquidation.

A cela, nous répondrons d'abord que la loi a sau-
vegardé les droits des tiers d'une façon absolue (le
propriétaire verra simplement les biens que la
congrégation détenait, détenus avec les mêmes caractères par le liquidateur) ; ensuite, que ces biens lui
seront restitués, s'il y a lieu, dans les mêmes conditions et dans le même état qu'au moment où la

congrégation les détenait encore [1]. Il n'aura donc subi, de ce chef, aucun préjudice.

C'est, d'ailleurs, cette interprétation qu'a admise une jurisprudence aujourd'hui constante et consacrée par la Cour de Cassation. Il résulte des nombreux arrêts et jugements rendus sur ce point que, comme le dit la Cour de Toulouse, « l'article 18 se servant » des mots « bien détenus », de préférence à toutes » autres locutions couramment employées dans les » textes de nos Codes, a entendu soumettre à la » liquidation tous les biens, meubles et immeubles » occupés d'une façon apparente par la congrégation » à un titre quelconque, ou servant à l'accomplisse- » ment des œuvres faisant l'objet de leur institution ». (Cour de Toulouse 17 novembre 1902. Rec. de Ménage, 2, 244. — Cour d'Angers, 30 décembre 1902 ; Ménage, 1, 320. — C. de Rouen, 28 janvier 1903 ; Ménage, 1, 376. — C. de Rennes, 17 juillet 1903 ; Ménage, 2, 228. — Cass., 8 février 1904 ; Pand. fr., 1904, 1, 337.)

La masse des biens à liquider devra donc comprendre tous les biens détenus par la congrégation à un titre quelconque.

Mais pour donner plus de précision à cette réponse, encore faut-il décider à quel moment devra se rencontrer cet état de détention pour que les biens puissent être compris dans la liquidation? Suffirait-il,

[1] Cf., chap. IV. Il y aura lieu, en effet, à une reddition de comptes du liquidateur envers le revendiquant qui aura triomphé.

pour cela, qu'ils aient été détenus à une époque
quelconque, même antérieure à la loi, par la congrégation ?

Les biens que la loi a entendu viser sont, à notre
avis, les biens détenus au moment de la promulgation de la loi. La dissolution de plein droit a lieu, il
est vrai, seulement à partir de l'expiration du délai
de trois mois imparti aux congrégations pour se
faire autoriser, et on pourrait tirer argument de ce
fait, pour prétendre que ce sont seulement les biens
encore détenus par la congrégation au moment où
la dissolution se produit, qui doivent rentrer dans
la masse à liquider. Mais la dissolution rétroagit;
comme nous l'avons admis avec de nombreuses décisions, le délai de trois mois n'est imparti aux congrégations que pour délibérer et prendre un parti ;
aussi, la jurisprudence que nous avons déjà examinée, décide que la liquidation amiable par la congrégation elle-même est nulle, si elle a été faite après
la promulgation de la loi, et décide que les biens
déjà liquidés doivent faire retour à la masse. Ce sont
donc les biens occupés d'une façon apparente, à un
titre quelconque par la congrégation, *au moment de
la promülgation* de la loi, qui doivent composer la
masse à liquider [1]. (Trib. de Grenoble : Réf. 20 novembre 1902 ; Ménage : 1, 316.)

---

[1] Il est certain que l'abandon de la détention peu avant la loi,
permettra de soustraire à la liquidation un grand nombre de biens
qui y auraient été soumis, si l'on admettait que la détention, à une
époque contemporaine ou voisine de la loi, suffisait, eût-elle été aban-

Il peut se faire, malgré la facile appréciation de cet état de détention, qu'on se trouve en présence de cas où il sera plus délicat de la discerner. Deux de ces cas sont particulièrement intéressants : comment apprécier la détention ; quels effets lui faire produire lorsque les congréganistes détiendront des établissements de l'Etat, des départements ou des communes, ou lorsque l'établissement sera détenu simultanément par des congréganistes appartenant à des ordres différents, ou bien par des congréganistes et des laïques ?

A. *Détention d'établissements relevant de l'État, du département ou des communes.* — Le liquidateur

donnée au 1er juillet 1901, à les y faire tomber. Quelques tribunaux (Nimes, 21 novembre 1902. Mén.: 1, 251. — Dijon, 3 novembre 1902. Mén.: 1, 232. — C. de Dijon, 28 avril 1903. Mén.: 2, 47) ont admis qu'il n'y avait pas lieu de s'arrêter à cette circonstance que la détention a cessé quelque temps avant la loi, sous le motif que l'article 18 n'a pas déterminé l'époque de la détention des biens, mais n'a envisagé que le fait de la détention en lui-même. — Le texte n'a pas déterminé l'époque à laquelle il faut se placer pour apprécier l'état de détention ; mais il n'est pas nécessaire, pour réaliser le but de la loi, de remonter au delà du 1er juillet 1901. Ce but est la dispersion des biens ; il est atteint si la détention a cessé sur tous les biens occupés par la congrégation non autorisée existant au moment de la loi ; cela est si vrai, que jamais on n'a songé à poursuivre la nullité des liquidations amiables qui peuvent avoir eu lieu avant le 1er juillet 1901. De plus, cette date est la seule date précise qui permette d'échapper à l'arbitraire. Décider qu'il faudra se placer, pour apprécier l'état de détention, à une époque « contemporaine ou voisine de la loi », c'est permettre au juge de remonter, suivant les espèces, à des époques très éloignées de la promulgation. Et cette liberté d'appréciation ne pourrait qu'enlever au fonctionnement de la loi une partie de sa précision.

5

pourra-t-il procéder aux mesures conservatoires et
demander à être mis en possession d'un tel immeuble, s'il est détenu par des congréganistes?

La Cour d'Agen, dans son arrêt du 1er décembre
1903 (Gaz. Pal., 31 décembre 1903), par lequel elle
refuse, d'ailleurs, au liquidateur, la mise en possession, remarque, en ce qui concerne la détention par
des congréganistes employés dans des établissements
de l'Etat ou des départements, l'étrangeté des conséquences de la théorie que nous avons admise. Dira-t on
que le liquidateur devra se mettre en possession de
biens détenus dans ces conditions? Évidemment non.

En effet, tous les biens détenus par une congrégation sont, depuis la loi de 1901, frappés d'une
sorte de suspicion de fraude, ou plutôt, comme le dit
l'arrêt de Rennes précité, ils sont présumés appartenir à la congrégation, soit directement, soit par
interposition de personne. Mais il est bien certain
que cette suspicion ne saurait atteindre l'Etat; il n'y
a plus, ici, d'interposition de personne ou toute autre
fraude à présumer; il est inutile que le liquidateur
s'empare de ces biens quoique détenus par des congréganistes; il est superflu de dire qu'il devra les
respecter. La jurisprudence est d'ailleurs unanime
dans ce sens.

(C. de Rennes : cit. — C. de Nimes : 16 octobre
1903 ; Mén. : 2, 347.—Trib. de la Seine : Réf. 21 octobre 1903, 2, 357.)

B. *Détention simultanée par des congréganistes d'or-*

dres différents ou par des congréganistes et des laï-
ques. — Il arrivera quelquefois qu'un établissement,
une maison d'éducation, par exemple, détiendra des
immeubles et que son personnel sera composé de
congréganistes appartenant à des ordres divers, ou
encore que des laïques se trouvent mêlés à eux. Comment décider en pareil cas ? Admettrons-nous que le
liquidateur pourra se mettre en possession de cet
immeuble ? S'il y a des membres de plusieurs communautés, toutes également en liquidation, quel sera
alors le liquidateur qui sera préféré ?

Le principe est, assurément, que tout immeuble,
qu'il soit détenu par plusieurs congréganistes ou par
un seul, doit être soumis à la liquidation. Mais le bon
sens se refuse à admettre que si un congréganiste se
trouvait, par exemple, seul au milieu d'un personnel exclusivement laïque, il y ait détention au sens
de la loi. Aussi, est-ce par une distinction de bon
sens que la question a été tranchée dans l'unique
décision que nous possédions sur une telle espèce et
qui émane du Tribunal de la Seine (10 décembre 1903.
— Droit des 14 et 15 décembre 1903.)

Ce jugement admet que, lorsque le nombre des
uns est trop faible proportionnellement au nombre
des autres, on ne saurait raisonnablement, si ce sont
les congréganistes qui sont en minorité, soutenir
qu'il y ait eu détention. Dans l'espèce sur laquelle a
statué le Tribunal de la Seine, on trouvait 13 jésuites
en présence de 61 séculiers ; aussi le Tribunal a-t-il
admis qu'il n'y avait pas détention.

Mais cette majorité en nombre ne paraît pas devoir entraîner toujours la décision des juges. Il peut se faire qu'une minorité en nombre comprenne les principaux membres de la congrégation ; il peut se faire qu'elle compte le supérieur, l'économe, toute l'administration de la communauté. Il semble alors qu'il y ait dans cette minorité en nombre une majorité en pouvoirs, et qu'il faille décider, si cette minorité puissante est congréganiste, qu'il y a détention.

C'est là une pure question d'appréciation que les juges auront à trancher en se servant des règles adoptées en ce qui touche à la sécularisation, et en se demandant si les autres détenteurs ne sont pas des congréganistes sécularisés.

2° Mesures conservatoires à prendre sur les biens détenus

Ce sont les biens détenus, d'après la conception que la jurisprudence nous a donnée de la détention, qui vont constituer l'actif brut de la liquidation, et ce ne sera que par l'action inverse des tiers ou des associés, lorsque les biens qui peuvent légalement en sortir auront été retirés de cet actif brut, que l'actif net sera constitué.

Ce sont ces biens qui vont provisoirement être l'objet de la gestion du liquidateur. Mais avant de commencer l'exercice de cette gestion, il faut qu'il compose la masse à liquider. Nous venons de voir quelles sortes de biens il doit y faire rentrer, il faut maintenant rechercher par quelle procédure il en assurera la consistance et il en rassemblera les objets.

A. *Apposition de scellés et inventaires.* — Les articles 3 et 5 du règlement du 16 août 1901 prescrivent au liquidateur de faire inventaire, et, dans la quinzaine de son entrée en fonctions, il est tenu « d'adres-» ser au procureur de la République de l'arrondisse-» ment, dans lequel la congrégation a son siège, un » mémoire ou compte sommaire de l'actif et du passif » de la congrégation dissoute ».

C'est là le premier de ses actes, ainsi que l'apposition des scellés. Pour ces deux opérations, l'avis unanime de la jurisprudence est qu'elles constituent des mesures éminemment provisoires et que, comme elles ne préjudicient en aucune manière aux droits des tiers, aucun d'entre eux n'a le droit de s'y opposer. C'est ce que cent soixante-cinq tribunaux ont décidé [1].

Ce droit a été cependant contesté dans quelques cas ; mais, à raison du caractère peu grave de ces mesures et à condition qu'elles ne portent pas préjudice à la jouissance de locataires ou de tiers [2], il est

[1] Rec. de Mén. t. II, p. 390.

[2] Quelques décisions (notamment un arrêt de la Cour de Montpellier du 16 novembre 1902. Gaz. Pal. 1904, 1, 409) ont admis que l'inventaire, l'apposition des scellés, pouvaient être remplacés par un état descriptif des immeubles et un inventaire des meubles dans les cas où ces mesures gêneraient des locataires. Nous n'admettons cette opinion qu'avec une extrême réserve, car, d'une part, ces mesures sont requises par la loi elle-même, et, d'autre part, le préjudice ne

maintenant universellement admis qu'elles peuvent
être prises lorsque la détention existe. Le fait matériel de la détention est assurément facile à constater,
et il ne peut s'élever, de ce chef, aucune difficulté.

L'article 18, en ordonnant la liquidation des biens
détenus, a fait de la circonstance de la détention
une sorte de présomption légale de propriété, et les
biens qu'atteint cette présomption doivent être soumis aux mesures dont il s'agit, sans aucune opposition possible. « La nomination d'un liquidateur, dit
» la Cour de Toulouse, a précisément pour but d'as-
» surer à la fois le respect de la loi de l'Etat et la
» sauvegarde de tous les ayants droit reconnus par
» elle ; il a pour mission de déterminer la consis-
» tance des biens occupés par les congrégations,
» d'une façon apparente, au moment de la promul-
» gation de la loi [1], ou au moins à une époque suffi-
» samment rapprochée, dans l'appréciation du juge,
» pour en rendre évidente l'affectation aux œuvres

peut être considérable ; les scellés doivent être levés trois jours après
l'apposition, et la prise de possession même du liquidateur, prise de
possession purement juridique, ne peut gêner beaucoup les locataires
ou les tiers. — Si de pareilles mesures peuvent être ordonnées, elles
ne peuvent l'être qu'avec la plus grande réserve et sous la surveillance
du liquidateur : « Le juge des référés a le droit, en attendant la solu-
» tion du litige, de produire les mesures de nature à concilier les
» intérêts respectifs des parties. Mais ces mesures n'ont qu'un carac-
« tère purement accessoire et limité, elles ne peuvent se produire que
» sous le contrôle du liquidateur qui est le séquestre et l'adminis-
» trateur légal, et ne peuvent, en aucun cas, porter atteinte à son
» droit de prise de possession *qui résulte de la loi* ». C. de Rennes ;
31 mai 1904. Gaz. Pal. 1904, 2, 37.

[1] Voir p. 64.

» congréganistes, et ce, à l'effet de réunir les élé-
» ments de l'actif et du passif de ces associations
» non autorisées ; ce faisant, le liquidateur ne porte
» aucune atteinte aux droits des tiers, essentielle-
» ment réservés, et dont la revendication peut tou-
» jours se produire, à la seule condition d'observer
» les délais fixés ». De ces considérations si justes et
si clairement déduites, la Cour conclut qu'il n'y a pas
lieu de s'arrêter aux oppositions formées à l'apposition de scellés par de prétendus revendiquants.
(Cour de Toulouse, 17 novembre 1902 : Ménage, 1,
245. — C. de Grenoble, 20 décembre 1902 : Ménage,
1, 311. — C. d'Angers, 30 décembre 1902 : Ménage,
1, 320. – C. de Rouen, 28 janvier 1903 : Ménage,
1, 376.)

Nous concluons donc, avec la jurisprudence, que
ces mesures doivent être prises par le liquidateur au
sujet de tout bien détenu, et que nul ne peut s'y
opposer [1].

B. *Prise de possession.* — Les deux mesures précédentes, appositions de scellés et inventaires, sont les
préliminaires de la prise de possession qu'elles cir-
conscrivent et limitent aux objets qui y ont été
compris. Tout inventaire se clôture par la désignation
d'un gardien aux objets inventoriés ; dans l'espèce,
ce gardien est déjà désigné par jugement : c'est le

[1] L'opposition est impossible et injustifiée quand le liquidateur
prouve sa qualité. Il doit être porteur de la grosse du jugement qui
l'a nommé. (C. de Rennes, 31 mai 1904. Gaz. des Trib., 2, 151.)

liquidateur. Il est donc en possession par le fait même que les deux formalités que la loi lui prescrit ont été accomplies.

Cette mise en possession doit être effective. Par l'effet de la dissolution de plein droit, la congrégation est entièrement dessaisie de l'administration des biens qu'elle détenait autrefois ; et cette administration passe, par ce fait même, aux mains du liquidateur, auquel la loi attribue sur les biens détenus, pendant toute la durée de la liquidation, les pouvoirs d'un administrateur-séquestre ; il n'y a pas d'autres moyens de permettre au liquidateur de commencer l'exercice de cette administration que de le mettre en possession.

Quoique cette mesure ne soit que la conséquence des deux mesures précédentes et qu'elle ne soit elle-même qu'une mesure conservatoire et provisoire, elle a soulevé, dans son application, des difficultés plus vives.

La situation des parties en présence est cependant fort nette. Nous nous trouverons dans tous les cas, en présence d'une part, d'un liquidateur muni d'un titre exécutoire, le jugement qui l'a nommé, et, d'autre part, de congréganistes ou de tiers entre les mains desquels existent des biens qu'un état de fait facilement appréciable, la détention par la congrégation, destine à la prise de possession du liquidateur. Ce liquidateur sera mis en possession *de plano* par le fait seul que, après avoir été désigné par le Tribunal, il a accompli les actes conservatoires que la loi lui prescrit.

Cependant les liquidateurs, dès les premiers temps
de l'application de la loi, se heurtèrent à des difficultés très vives à ce sujet, et provenant des résistances, souvent injustifiées, des tiers détenteurs de
biens de congrégations.

Déjà, en 1902, la Cour de Toulouse, dans quatre
arrêts rendus le 17 novembre de cette année, et un
grand nombre d'autres décisions de justice, avaient
déclaré le juge des référés compétent pour ordonner
les mesures conservatoires, les appositions de scellés
et les inventaires. La Cour estima que l'urgence n'était
pas le seul cas de référé, mais que cette procédure
s'appliquait aussi aux difficultés relatives à l'exécution des jugements, et qu'il ne peut s'agir, dans
toutes les espèces semblables à celle dont nous nous
occupons, que de difficultés relatives à l'exécution du
jugement nommant le liquidateur. D'où il résultait
que le juge des référés était toujours compétent pour
ordonner toutes les mesures conservatoires [1].

De cette compétence, d'ailleurs certaine, les prési-
dents des tribunax de première instance, et les juri-
dictions supérieures aussi, ont tiré une conclusion
inattendue : le droit pour le juge des référés de refuser
la mise en possession au liquidateur.

Cette solution fut admise par la Cour de Montpellier, et par la cour de Grenoble à peu près à la
même époque.

---

[1] Cour de Toulouse, 17 novembre 1902. Ménage : 1, 244. — Id., 1,
247. — Id., 1. 247. — Id., 1 247. — Cour de Riom, 15 janvier 1903.
Ménage : 1, 362. — Cour de Rennes, 7 juillet 1902. Ménage : 2, 168.

— 74 —

Dans l'espèce sur laquelle avait à statuer la Cour de Grenoble, les faits se présentaient ainsi : une dame Bos, religieuse, détenait un immeuble que revendiquait en vertu d'un acte du 9 novembre 1895, Baglin, ex-prieur de la Grande-Chartreuse. Lecouturier, liquidateur des Chartreux, demandait à être mis en possession de cet immeuble. A raison de cette détention par un tiers, le président du tribunal civil de Grenoble n'avait autorisé Lecouturier qu'à faire un inventaire des meubles et la description de l'immeuble. Sur appel de cette ordonnance, la Cour de Grenoble décida que, comme le juge des référés, elle ne pouvait « *sans entreprendre sur le principal,* » *en préjugeant sur le fond*, et sans excéder les bornes » de sa compétence, se baser soit sur une prétendue » rétroactivité de la présomption légale de l'article » 17 de la loi du 1er juillet 1901, soit sur les termes » de l'article 18, paragraphes 5 et 6 de cette loi, soit » sur les divers documents produits par Lecouturier » ou sur la notoriété publique, pour reconnaître, en » l'état, suivant la prétention du liquidateur et » contrairement au titre de Baglin, la détention par « les Chartreux dans le sens de la loi du 1er juillet » 1901, d'un immeuble que Baglin revendique par » les voies légales comme étant sa propriété personnelle et comme ne pouvant, dès lors, être compris » pris dans la masse à liquider[1]. »

Nous retrouvons le même raisonnement et la même

[1] C. de Grenoble : 8 décemb. 1903. Gaz. du Pal. 1904, 1, 7.

argumentation à peu de chose près, dans l'arrêt de Montpellier. M. Blain, acquéreur, à la date du 20 septembre 1901, du domaine de Mougères, occupé jusqu'alors par les Chartreux, était assigné par le même Lecouturier, pour voir ordonner sa mise en possession dudit immeuble. L'ordonnance de référé reconnut le droit de Lecouturier. Mais la cour l'annula sous le motif suivant : « Considérant qu il n'est » nullement justifié, en l'état de la jurisprudence, » que le débat ainsi soulevé entre les parties ne fût » pas sérieux ; que, portant sur la question de savoir » si le domaine de Mougères devait, ou non, être » compris dans la liquidation des Chartreux, et, » par suite, en réalité sur la propriété de ce domaine, » il dépassait la compétence du juge des référés, et » que ce magistrat n'a pu, dans ces circonstances, » autoriser, dans les termes de la demande de » Lecouturier, l'expulsion provisoire de Blain, *sans* » *faire préjudice au principal* et *sans préjuger le* » *fond du litige* qui est actuellement soumis, par » l'une et l'autre partie, au Tribunal civil de Grenoble ;

» Considérant que Lecouturier n'ayant, aux ter- » mes de l'article 18 de la loi du 1er juillet 1901, les » pouvoirs d'un administrateur séquestre qu'en sa » qualité de liquidateur, pendant la durée de la » liquidation, ne saurait puiser dans son titre de » séquestre, fondé sur la loi sus-visée et nette- » ment limité par elle, le droit de se mettre, par » provision, en possession de biens auxquels il *est*

» *précisément et formellement contesté que la liqui-*
» *dation soit applicable* [1].

» ..... Déclare Lecouturier ès qualité mal fondé
» dans ses demandes....., etc. »

Ces deux arrêts ont, avec de légères modifications,
adopté le même principe. Ce principe est le suivant :
le juge des référés, compétent pour connaître des
difficultés qui peuvent s'élever entre le liquidateur
et les congréganistes, ne peut trancher une contestation sérieuse, soulevée par un tiers revendiquant
et fondée sur un titre authentique. Il faut donc que
le liquidateur attende la décision à intervenir relative
à l'attribution de la propriété de l'immeuble « auquel,
suivant les termes mêmes de l'arrêt de la Cour de
Montpellier, il est précisément et formellement contesté que la liquidation soit applicable ». Tout au
plus le juge des référés pourra-t-il ordonner les
mesures conservatoires ordonnées par le président
du Tribunal civil de Grenoble, un inventaire des
meubles, une description des immeubles. En effet,
le revendiquant exhibe un titre authentique. Ce titre
a voie parée. Son titulaire est propriétaire ; il a un
droit absolu sur sa chose tant qu'il en demeure propriétaire. Le liquidateur ne peut rien opposer à ce
titre que sa qualité de liquidateur, qualité qui ne lui
donnera le droit d'entrer en possession de l'immeuble litigieux que tout autant que cet immeuble sera sujet à liquidation; c'est-à-dire : lorsque le revendiquant,

[1] C. de Montpellier, 16 novembre 1903. Gaz. du Pal. 1904, 1, 9.

détenteur de l'immeuble, aura échoué définitivement dans son action. Le juge des référés (l'arrêt de Grenoble le dit expressément) ne peut statuer qu'au provisoire, et s'il permettait au liquidateur d'entrer en possession, il préjugerait au fond et préjudicierait au principal[1].

Le résultat de ce système serait de remplacer par une description des immeubles et par un inventaire des meubles les deux mesures conservatoires; la mise en possession n'aurait pas lieu, du moins jusqu'à ce que le juge du fond ait statué sur l'attribution de la propriété du bien litigieux; et cela dans tous les cas où la prétention du tiers détenteur paraîtrait fondée sur un titre sérieux !

Nous avons dit nous même, en traitant de l'apposition des scellés et de l'inventaire, que le juge des référés pourrait s'efforcer de rendre ces mesures moins gênantes pour des détenteurs; mais nous n'avons entendu viser que le cas où ces biens seraient détenus par des locataires, que l'apposition des scellés (ne serait-ce que durant trois jours) pourrait gêner beaucoup, sans en tirer aucune conclusion relative à la mise en possession du liquidateur. Nous pensons, au contraire, que, même si l'apposition des scellés n'a pas été ordonnée, il y a lieu à mise en possession; l'administration du liquidateur doit com-

[1] Dans le même sens : Trib. civ. de Pau, 8 août 1903; Ménage : 2, 251. — Même argument de préjudice au principal. C. de Chambéry, 26 septembre 1903; Ménage : 2, 329. — En sens contraire: Poitiers, 29 juillet 1903; Ménage : 2, 233.

mencer, malgré cet adoucissement des mesures conservatoires.

Comment notre système peut-il se justifier à l'encontre de l'argumentation des Cours de Grenoble et
de Montpellier que nous venons de rapporter?

En somme, c'est dans cet argument: — la décision
du juge des référés, ordonnant la mise en possession
du liquidateur d'un bien au sujet duquel il est actuellement intenté une action en revendication qui paraît
sérieuse, préjuge au fond, — que se résument les
motifs invoqués dans ces deux arrêts. Il nous paraît impossible, d'après les prémisses que nous avons posées,
d'accepter ces conclusions que la Cour de cassation,
dans une espèce à peu près semblable, vient de rejeter.

Tout d'abord la prise de possession du liquidateur
ne peut préjudicier en rien au principal, et en
ordonnant la mise en possession, le juge des référés
n'ordonne qu'une mesure provisoire. Il est évident
que l'ordonnance de référé ne saurait constituer, au
profit du liquidateur, un titre de propriété, et qu'il
serait mal venu à conclure au principal, devant le
Tribunal civil, que l'immeuble dont il lui a été permis de prendre possession est attribué définitivement par cette ordonnance à la masse à liquider. Le
juge des référés ne peut statuer sur l'attribution ;
aussi n'a-t-il statué que sur l'état de détention. On
peut se demander alors en quoi l'ordonnance autorisant
la prise de possession « préjudicie au principal[1] ».

[1] Il a même été jugé que les ordonnances de référé n'ayant qu'un
caractère provisoire ne sauraient en aucun cas acquérir l'autorité de

Quant à l'argument qui consiste à dire que parce qu'il y a contestation sérieuse au sujet de l'application de la liquidation à un immeuble, le liquidateur ne doit pas s'en mettre en possession, la Cour de Toulouse en avait déjà fait justice :

« Attendu, dit la Cour dans l'exposé des motifs de
» son arrêt du 17 novembre 1902, que l'assignation
» en revendication, donnée par les intéressés devant
» le Tribunal de Toulouse, ne saurait faire obstacle
» à l'exercice de la mission du liquidateur ; que
» cette mission est générale et s'applique à un ensem-
» ble d'opérations préjudicielles par définition
» même c'est-à-dire à la recherche de la consistance
» de l'actif et du passif de la congrégation, dite Com-
» pagnie de Jésus, sur toute l'étendue du territoire ;
» que la question de propriété soumise au Tribu-
» nal de Toulouse est d'un ordre essentiellement
» différent et spéciale à tel ou tel immeuble en parti-
» culier ; qu'il n'est point fait échec à cette revendi-
» cation, formulée plus ou moins hâtivement, à l'ef-
» fet d'éviter la forclusion légale au bout de six mois;
» que la difficulté tranchée par l'ordonnance de référé,
» et dont est appel, ne porte pas sur l'exercice du
» droit de revendication qui peut être exercé par les
» tiers, mais sur la constatation de l'existence d'un
» bien détenu en apparence par la congrégation qui
» y vaquait à son œuvre, au moment de la promulga-
» tion de la loi, réserve faite de tous droits légitimes

la chose jugée. Paris, 26 février 1892 ; D. P. 1892, 2, 231. — Cass., 7 novembre, 1899 ; D. P. 99, 2, 564.

» de propriété en faveur des individus congréganistes
» ou autres ;

 » Attendu que décider autrement et faire dépendre
» l'exercice du droit conféré au liquidateur par le
» jugement, du plus ou moins de célérité apporté
» par les tiers dans leurs revendications, serait faire
» obstacle à sa mission, qui est à la fois de déjouer
» les fraudes et de sauvegarder les droits des tiers
» en établissant la consistance des biens composant
» l'actif de la congrégation en réalité ou en appa-
» rence :

 » Confirme en sa forme et teneur l'ordonnance
» de référé. »

 Cet arrêt met très vigoureusement en lumière le
caractère provisoire et anodin de la mesure ordonnée
par le juge des référés, ainsi que l'inutilité de la résistance qu'on oppose au titre du liquidateur.

 En effet, quoique le titre opposé par le revendiquant soit authentique et paraisse sérieux, le liquidateur qui, lui, tient son titre de la loi, doit pouvoir
se mettre en possession, malgré le titre privé qu'on
lui oppose, dès que le fait matériel de la détention
est établi.

 A vrai dire, l'arrêt de Grenoble n'est pas seulement
fondé sur le motif que nous avons critiqué ; le fait
matériel de la détention y était discutable. Lecouturier demandait à être mis en possession de l'immeuble dans lequel se trouvait l'école de Miribel-les-
Echelles, tenue par la dame Bos, immeuble que
Baglin, ex-prieur de la Grande-Chartreuse, revendi-

quait contre cette dernière. Lecouturier prétendait
que la vente dont Baglin se prévalait était fictive et
que ce dernier n'était qu'une personne interposée
en vertu de l'article 17 de la loi du 1er juillet 1901.

Il est bien certain qu'en l'espèce la détention,
comme nous l'avons définie, n'existait pas ; Baglin
exerçait un droit, sans aucune matérialité, il n'y
avait donc pas détention. Aussi Lecouturier fondait-
il sa demande sur la présomption d'interposition de
personne de l'article 17. La Cour de Grenoble a cru
devoir repousser cet argument en déclarant que cet
article 17 ne devait pas rétroagir ; opinion d'ailleurs
contraire à la jurisprudence aujourd'hui communé-
ment suivie. Mais ce que nous avons surtout voulu
retenir et discuter, c'est l'argument, employé également
par la cour de Montpellier, et d'après lequel une
contestation sérieuse sur la propriété de l'immeuble
ne peut être tranchée par le juge des référés, qui ne
peut préjuger au principal.

D'ailleurs les cours de Limoges et de Rennes avaient
déjà admis la solution que nous avons soutenue[1].
Enfin, la Cour de cassation, par un arrêt du 8 février
1904, a consacré définitivement cette opinion sous
les motifs déjà énoncés : « Attendu... que le liqui-
» dateur puisait, dans sa qualité de séquestre, le
» droit d'être mis en possession des biens que la con-

[1] C. de Limoges, 4 novembre 1903. Gaz. Trib. 26 mars 1904.— C. de
Rennes, 15 décembre 1903. Gaz. du Pal. 30 décembre 1903. — C. de
cass. 16 novembre 1903. Gaz. Pal. 1, 216.

6

» grégation avait détenus ; que, sans doute, le juge
» des référés était incompétent pour apprécier la
» validité des titres de propriété produits par la
» demoiselle de Beaurepaire ; que, par suite, il devait
» se borner, sur ce point, à renvoyer les parties à
» se pourvoir au principal ; qu'il lui appartenait de
» prescrire toutefois, en attendant la solution du
» litige, toutes mesures propres à concilier provisoi-
» rement l'exercice des droits respectivement invo-
» qués par les deux parties [1] ».

Ainsi l'état actuel de la jurisprudence nous permet
d'affirmer que le liquidateur peut, dès le début, se
mettre en possession des biens détenus par la congrégation. Il est en possession dès l'apposition des scellés
et l'inventaire, que ces mesures aient été ordonnées
par le jugement qui l'a désigné, ou qu'il les ait requises lui-même. Et si, comme nous l'avons vu dans les
décisions rapportées, l'apposition des scellés n'a pas
eu lieu, il doit, cependant, être mis en possession ;
cette première mesure peut être gênante pour des
locataires ; la deuxième ne le sera jamais.

Les congréganistes et les détenteurs devront, dès
lors, abandonner les biens de l'administration desquels ils sont dessaisis. Le liquidateur pourra les
faire expulser, sauf s'ils ont obtenu de l'administration un sursis pour se disperser. Quelques décisions
judiciaires ont même admis que, dans ce cas, il n'y

---

[1] C. cass. 8 février 1904. Gaz. Pal., 1, 255. Pand. Franç. : Rec. : 1,
361. Et dans le même sens: C. de Reunes, 31 mai 1904. Gaz. Pal., 37, 2,
1904. — C. de Bordeaux, 22 juin 1904. Gaz. Pal., 2, 353.

aurait pas lieu d'apposer les scellés [1] ; d'autres ont
admis, au contraire, que ce sursis n'était pas un
obstacle à l'apposition [2], d'autres enfin, usant d'un
esprit d'équité, que nous paraît d'ailleurs comporter
la matière, ont pensé que le juge de paix pouvait
procéder à l'accomplissement de cette formalité,
mais « avec réserve, mesure, discrétion, de manière
» à laisser, suivant son appréciation, à la disposition
» des congréganistes les locaux et les meubles qui
» leur sont indispensables jusqu'à l'expiration du
sursis. » (Trib. de Carpentras. Réf. 17 avril 1903,
Ménage : 2, 13.)

Au sujet de cette expulsion, faut-il admettre que le
liquidateur doive attendre, pour y procéder, que la
juridiction criminelle ait statué sur le caractère illicite
de l'association ? Y a-t-il lieu d'appliquer ici la règle :
le criminel tient le civil en état ? C'est ce qu'a admis
le Tribunal de la Seine (Réf. 14 août 1903 ; Ménage :
2, 286).

Il nous semble que le liquidateur doit être autorisé
à procéder immédiatement à l'expulsion ; il s'agit
uniquement de biens détenus par une congrégation
régulièrement dissoute sans qu'il soit nécessaire de
se demander si le fait de la réunion des congréganistes constitue ou non un délit. Le liquidateur
n'applique pas une pénalité ; il se met simplement
en possession d'un patrimoine dont les détenteurs

[1] Trib. de Bourg. Réf., 17 avril 1903 ; Ménage : 2, 15. — Trib. de
Bayonne : Réf., 18 avril 1903 ; Ménage : 2, 21.
[2] Trib. Perigueux. Réf., 24 avril 1903 ; Ménage : 2, 44.

anciens ont perdu l'administration par le fait de la
dissolution de plein droit. La liquidation et la dispersion sont deux choses distinctes dont l'une, la liquidation, dépend du domaine civil, tandis que l'autre relève
du domaine administratif et pénal. (Trib civ. de Péri-
gueux. Réf., 24 avril 1903; Ménage : 2, 44. — Trib.
de Boulogne-sur-Mer : 10 septembre 1903 ; Ménage :
2, 309.)

Nous avons ainsi déterminé les pouvoirs généraux
du liquidateur, et nous venons de voir à quels biens
ces pouvoirs s'appliquent objectivement. Comment
le liquidateur, administrateur séquestre, les exercera-
t-il sur les biens rentrés dans la masse à liquider? Ce
sera l'objet de la troisième division de cette étude
de ses pouvoirs.

SECTION TROISIÈME

DROITS DU LIQUIDATEUR SUR LES BIENS COMPOSANT LA MASSE A LIQUIDER

Nous nous proposons, pour la clarté de l'analyse,
de classer ainsi les matières de cette étude : un premier paragraphe comprendra les droits que le liquidateur aura à exercer sur les biens dont il s'est
mis régulièrement en possession dès le début ; un
deuxième paragraphe comprendra les droits du liquidateur relativement aux biens dont, conformément

à la jurisprudence que nous venons d'examiner, la mise en possession lui a été refusée ou contestée En d'autres termes, nous nous proposons de grouper, dans ce paragraphe, les difficultés relatives aux règlements de comptes qui devront intervenir entre le liquidateur et un tiers, revendiquant, prétendu propriétaire, suivant que ce sera l'une ou l'autre de ces deux personnes qui aura triomphé dans l'action en revendication.

1° Droit du liquidateur sur les biens dont il est en possession

Nous ne nous occuperons donc ici que des biens dont le liquidateur s'est mis en possession régulièrement et normalement, c'est-à-dire de ceux pour lesquels le fait de la détention est définitivement établi, et qui, par conséquent, sont acquis à son administration sans contestation.

Nous passerons donc en revue les principaux actes d'administration et nous nous appliquerons à donner pour chacun d'eux les solutions que la jurisprudence, à laquelle des espèces très nombreuses ont été soumises, a consacrées.

A. *Baux*. — En ce qui concerne les pouvoirs du liquidateur à ce sujet, il faut distinguer deux situations : d'abord, la faculté de passer des baux ; ensuite, l'attitude qu'il doit prendre au regard des baux existants, la mesure dans laquelle il doit les respecter.

En ce qui touche la première question, il est certain que le liquidateur, après avoir expulsé les congréganistes des biens qu'ils détenaient, puise dans ses pouvoirs d'administrateur le droit de retirer de ces biens les revenus qu'ils sont susceptibles de produire, c'est-à-dire de les louer.

Au premier abord, on serait tenté de lui attribuer, comme à tout administrateur des biens d'autrui, comme au père ou au mari, la faculté de passer des baux pour des périodes de neuf ans ou de renouveler ceux qui seraient sur le point d'expirer, le tout, conformément aux règles des articles 1429 et 14?0 du Code civil.

Mais la loi a admis ces règles pour deux institutions : la tutelle et le mariage, qui peuvent durer de longues années, alors que la durée probable de la liquidation des biens d'une association dissoute doit être bien moindre. Aussi cette faculté de passer des baux pour des périodes de neuf ans peut paraître excessive chez le liquidateur, et cependant il semblerait que les règles des articles 1429 et 1430 soient les seules que l'on puisse appliquer, par analogie, en l'absence de tout texte limitant d'une façon précise, en cette matière, les pouvoirs reconnus aux liquidateurs ou même aux administrateurs-séquestres.

Bien que cette analogie semble s'imposer, la jurisprudence n'a pas hésité à admettre, sous l'empire de considérations pratiques, dans une matière voisine de celle que nous traitons, que les baux passés par un administrateur-séquestre devraient être de courte durée (dans l'espèce de deux années). (Toulouse, 28 avril 1893 ; Sir. : 96, 2, 252.) Il s'agissait du séquestre judiciaire des biens d'une succession, « avec mandat d'administrer les immeubles en dépendant », et dont, par conséquent, les pouvoirs sont presque identiques à ceux d'un liquidateur de biens de congrégations.

Il n'existe pas, à notre connaissance, de décisions sur ce point, en matière de congrégations ; et, si cette décision nous paraît devoir être suivie, c'est uniquement à raison des avantages pratiques qu'elle offre. D'ailleurs, dans son principe, elle n'a d'autre sens que de permettre au liquidateur d'engager le patrimoine qu'il a à liquider pour la durée qu'il peut raisonnablement assigner, dans ses prévisions, à ses pouvoirs, et non pas strictement pour deux années.

Les observations qui précèdent concernent les baux et les renouvellements de baux consentis par le liquidateur, en cours de liquidation, sur les immeubles libres de tout bail. Quelle sera la situation du liquidateur relativement aux baux consentis par la congrégation sur les immeubles qu'elle détenait, et existant encore au moment de la dissolution ?

La loi du 1er juillet 1901 a établi à l'égard des congrégations religieuses la nécessité de l'autorisation pour obtenir l'existence légale, mais elle l'a fait sans formuler expressément la rétroactivité de la nullité résultant du défaut d'autorisation : c'est-à-dire qu'au lieu de considérer comme nuls tous les actes accomplis par les congrégations non autorisées antérieu-

rement à sa promulgation, elle garde le silence à
leur égard et les laisse régis par les règles générales
qui constituaient le droit commun à l'époque où ils
ont été accomplis. Une solution contraire cût entraîné
de graves difficultés et aurait lésé les tiers de bonne
foi qui ont traité avec le propriétaire apparent, la
congrégation.

L'article 17 est ainsi conçu : « Sont nuls tous actes
» entre vifs et testamentaires, à titre onéreux ou gra-
» tuit, accomplis soit directement, soit par personne
» interposée, ou toute autre voie indirecte, ayant
» pour objet de permettre aux associations légalement
» ou illégalement formées de se soustraire aux dispo-
» sitions des articles, 2, 6, 9, 11, 13, 14 et 16. »

Il paraît impossible de donner aucun effet rétroactif à ce texte. Tout d'abord la nullité qu'il édicte ne
saurait atteindre des actes faits en contravention de
prescriptions qui n'existaient pas encore. La nullité résultant du défaut d'existence juridique fait place
à un système nouveau, qui n'est applicable que du
jour de la promulgation de la loi. D'ailleurs, comme
nous le verrons, le droit commun antérieur à 1901
n'entraînait pas fatalement la nullité des actes à titre
onéreux accomplis par les congrégations non autorisées. Bien au contraire les principes généraux du
droit permettaient de respecter les actes accomplis
par des tiers de bonne foi avec des propriétaires
apparents [1].

[1] La validité des actes passés par le propriétaire apparent avec des
tiers de bonne foi a été maintes fois reconnue: Cass., 13 juillet 1877,

La jurisprudence a souvent reconnu la nullité d'actes postérieurs à la promulgation de la loi, mais elle n'a jamais prononcé la nullité d'actes à titre oné reux, de constitution de droits réels ou de créance, qui lui fussent antérieurs. La liquidation est tenue des obligations contractées valablement par la congrégation et, malgré son inexistence, il faut que cette inexistence ne puisse pas nuire aux tiers s'ils sont de bonne foi. Les actes visés par l'article 17 sont ceux qui ont été accomplis pour faire fraude à la loi et pour permettre aux associations légalement ou illégalement formées de se soustraire à ses dispositions ; et la bonne foi des tiers exclut l'applicabilité de cet article.

Ce sont les principes que vient d'admettre dans une décision récente le Tribunal civil de la Seine [1]. « Les » auteurs de la loi du 1er juillet 1901, dit cette déci- » sion, uniquement préoccupés d'assurer la disper- » sion, *dans l'avenir*, des biens détenus par les » congrégations non autorisées au moment de la pro- » mulgation de la loi, se sont bornés à prescrire que » la liquidation desdits biens aurait lieu en justice, » mais n'ont nullement modifié pour le passé, en ce » qui concerne les biens dont il s'agit, les règles géné- » rales qui leur étaient et leur demeurent applicables.

» En conséquence, pour le passé, lesdits biens » doivent être considérés, au regard de tous autres

S. 78, 1, 38 ; 13 mai 1879, S. 80, 1, 26 ; 26 janvier 1897, S. 97, 1, 313. La bonne foi du propriétaire apparent n'est même pas nécessaire, celle du tiers suffit. Cass., 13 janvier 1877, cité.
[1] Trib. civ. de la Seine : 4 août 1904 Gaz Pal. 1904. 2, 413.

» que les pouvoirs publics, comme ayant été uni-
» quement la chose de leurs propriétaires apparents,
» lesquels ont pu valablement, sauf le cas de fraude
» constatée, les acquérir, les aliéner, les hypothéquer,
» les gérer et les administrer sans que les actes, régu-
» lièrement passés par eux, avec des tiers de bonne
» foi, puissent être l'objet, de la part du liquidateur,
» d'aucune critique ou d'aucun recours autres que
» ceux basés sur une entente des cocontractants ayant
» pour but de faire fraude à la loi. »

Conformément à ces principes, il doit en être des baux comme des autres actes ; ceux qui ont été consentis, sans fraude, par la congrégation antérieurement à la promulgation de la loi devront être respectés par le liquidateur. La question n'a pas été soumise aux tribunaux, mais il n'est pas douteux que cette solution se fût imposée à leur décision, si elle l'eût été. Une solution contraire serait peu conforme à l'interprétation de l'article 17 et fort préjudiciable aux tiers de bonne foi.

D'ailleurs, à considérer l'intérêt de la liquidation, une telle solution lui causera un préjudice peu important, car les loyers et fermages lui sont acquis du jour où la congrégation, propriétaire apparente, est dessaisie par la dissolution ; ce n'est, à partir de ce moment, qu'entre les mains du liquidateur, que le locataire ou le fermier pourront valablement s'acquitter.

En somme, le bail sera supporté par la liquidation, comme elle supporte le passif de la congrégation à qui elle succède. Au moment de la vente, l'existence du bail sera mentionnée sur le cahier des charges et supportée par l'adjudicataire.

Si le liquidateur se trouve en présence de locataires non congréganistes d'un bien détenu par la congrégation au moment de la promulgation de la loi, il sera très rare, dans cette hypothèse, qu'il n'y ait pas fraude, l'entrée en jouissance des locataires s'étant produite après la promulgation de la loi Le bail sera sinon frauduleux, du moins très probablement postérieur au 1er juillet 1901. Le liquidateur pourra alors en poursuivre la nullité. Or, puisque la détention par la congrégation est la principale cause de la prise de possession du liquidateur, il y aura donc, en fait, peu de baux valables sur des biens détenus dans les conditions de la loi.

Il pourra, cependant, se trouver des baux valables sur des biens, non détenus mais possédés et loués par la congrégation. Les droits du liquidateur à la prise de possession et à l'administration, malgré l'existence de ces baux, sont incontestables.

Quelques tribunaux ont réglé les conflits qui peuvent s'élever entre locataires et liquidateurs, au sujet de cette prise de possession, d'une manière tout à fait équitable. Les juges des référés ont admis fréquemment que, faire procéder à l'expulsion des locataires serait préjuger la validité du bail, appréciation qui n'appartient qu'au juge du fond. Aussi, se sont-ils bornés à faire procéder aux mesures conservatoires restreintes dont nous avons déjà parlé,

procès-verbaux de description et inventaires, tout en
déclarant (Trib. civ. d'Uzès : Réf. 5 octobre 1903 :
Mén. : 2. 355) que le liquidateur pourra exercer un
contrôle sur l'exploitation du domaine et que les sommes provenant de cette exploitation seront, par le
fermier, versées à la caisse des Dépôts et Consignations. (*Idem*. Trib. de Gray. 5 octobre 1903 ; 2, 337.
Trib de Brignoles : 17 octobre 1903 ; 2, 352). La
décision du juge du principal intervenue si le bail est
reconnu valable, il sera maintenu, sinon les locataires pourront être expulsés.

En d'autres termes, le juge des référés a souvent
admis qu'en présence d'un bail en apparence valable,
l'apposition des scellés surtout paraîtrait une mesure
« aussi vexatoire qu'inutile » et qu'il convient de trou-
bler le moins possible la jouissance des locataires.
(Trib. de Castres : Réf. 6 novembre 1902. Ménage,
1, 237.)

Mais, au contraire, en présence d'un bail probablement non existant, surtout lorsque le locataire ne
produit ni son titre, ni celui de ses auteurs, il peut y
avoir lieu de faire apposer les scellés (Trib. d'Uzès,
8 février 1902 ; Ménage, 1, 56.)

B. *Loyers*. — C'est au liquidateur que revient le
droit de toucher les loyers échus. (Trib. de la Seine :
Réf. 11 août 1903 ; Ménage, 2, 252 , nonobstant l'opposition des propriétaires apparents (Trib. d'Oran :
Réf. 1er octobre 1903 ; Ménage, 2, 333). La même solution a été admise même au cas de saisie-arrêt for-

mée par un créancier du propriétaire apparent des
biens détenus, seulement en ce qui concerne les
locaux réellement occupés par la congrégation. (Trib.
de Grenoble : Réf. 24 juin 1903 ; Ménage, 2, 122)
(Trib. de Toulouse : Réf. 25 juin 1903; Ménage, 2,
153.)

Les tribunaux de Bordeaux et de Toulouse avaient
d'abord admis que « lorsque le liquidateur a fait
commandement à un locataire de biens détenus et
que le locataire qui a introduit un référé pour faire
ordonner la discontinuation des poursuites s'offre à
payer les loyers entre les mains de qui il sera ordonné,
mais conteste au liquidateur sa qualité de séquestre
des biens détenus, il se pose devant le juge des référés une question qui rend litigieuse la perception des
loyers et rend nécessaire la nomination d'un séquestre à l'effet de les encaisser et d'en donner valable
quittance au profit de qui il sera ultérieurement
décidé ».

Mais la Cour de Toulouse, déclarant que c'est au
liquidateur lui-même que la loi a conféré ce rôle de
séquestre, et que, par suite, il n'y a pas lieu de nommer un séquestre spécial, a infirmé ces ordonnances. (C. de Toulouse, 7 avril 1903 ; Ménage, 2, 5).

Le liquidateur offre autant de garanties que tout
autre séquestre. La Cour de Toulouse, en jugeant
comme elle l'a fait, a fait justice d'une résistance
purement capricieuse et préjudiciable aux congréganistes et aux tiers, puisque son résultat est d'augmenter inutilement les frais de la liquidation de sommes

qui diminueront d'autant l'actif restant, et que,
d'ailleurs, le liquidateur devait lui-même verser
immédiatement à la Caisse des Dépôts et Consignations.

C. *Récoltes*. — Son rôle d'administrateur-séquestre
permet au liquidateur de toucher les fruits civils des
biens détenus, il lui permet également d'en toucher
les fruits naturels. La jurisprudence a d'ailleurs suivi
les mêmes principes en ce qui concerne les fruits
naturels qu'en ce qui concerne les fruits civils La
demande du propriétaire apparent tendant à ce que
le produit de l'administration soit versé à la Caisse
des Dépôts et Consignations a été repoussée. « Le
» liquidateur-séquestre en demeure de plein droit
» dépositaire et responsable ». (Trib. de Grenoble :
Réf., 21 août 1903 ; Ménage, 2, 296). Il en est de
même à l'égard non plus du propriétaire apparent,
mais aussi d'un créancier hypothécaire qui a fait saisir son gage ; « attendu, dit l'ordonnance, que, sans
que le juge des référés ait à se prononcer sur la
valeur des titres de créance invoqués, il est certain
qu'on se trouve en présence d'un immeuble litigieux,
soumis à la gérance et à l'administration du séquestre ». (Trib. de Grenoble : Réf., 8 septembre 1903,
2, 307).

D. *Meubles*. — Les meubles, également susceptibles de détention, doivent aussi faire l'objet de la
prise de possession du liquidateur et de son administration.

Il a également mission de les rechercher et de les saisir entre les mains de tous dépositaires, lorsque le fait de la détention au moment de la loi est établi (Trib. de Brives ; Réf. 30 octobre 1903. Rec. Ménage : 2, 363).

Les meubles qui garnissent les locaux occupés par la congrégation doivent être inventoriés. Le liquidateur en demeure responsable dans la même mesure que tout séquestre.

Cet inventaire sera commodément fait lorsque le liquidateur se trouve en présence des congréganistes eux-mêmes. En présence de locataires, il pourra présenter quelques difficultés. Comme le montrent les décisions rapportées plus haut, la jurisprudence a voulu respecter la jouissance de locataires dont le titre peut être loyal. Aussi, sans apposition de scellés, a-t-elle permis la visite des locaux détenus par la congrégation au moment de la promulgation de la loi « et la description sommaire des meubles paraissant » avoir appartenu à la congrégation.» (Trib. de Castres. Réf 6 novembre 1902. Ménage : 1, 237.)

Il est certain que les meubles qui n'ont pas été détenus par la congrégation et qui appartiennent à un locataire ne peuvent être inventoriés. Cependant le juge des référés a souvent autorisé des descriptions sommaires de meubles dont la propriété a pu paraître douteuse au liquidateur. (Amiens, Réf. 9 décembre 1902. Ménage ; 1, 279 — Amiens, Réf. 11 décembre 1902, Ménage : 1, 281. — Rodez, Réf. 20 juin 1902. Ménage : 1, 123).

Si les objets mobiliers inventoriés constituent un matériel d'exploitation ou de production, la solution s'impose de les laisser à leur destination. Si, au contraire, il s'agit d'un mobilier dont la vente, loin de déprécier un immeuble, empêchera la dépréciation du mobilier lui-même, ou encore, si le mobilier, quelle que soit son affectation, est sujet à dépérissement, la vente pourra en être autorisée par le juge des référés. De même, s'il est dispendieux à conserver, (Trib. de la Seine, Réf. 21 avril 1903. Ménage : 2, 26. — Trib. de la Seine, 2 février 1904, Gaz. Pal., 1904, 1, 243).

E. *Dettes et créances.* — Le but de la mission du liquidateur est de dégager l'actif brut des dettes qui le grèvent et de le réaliser en argent [1]. Les créances existant contre la congrégation doivent donc, à leur échéance, être payées par le liquidateur. S'il ne les conteste pas, il doit, comme tout liquidateur judiciaire, les payer sous sa responsabilité, dont nous étudierons plus loin les limites. Il emploiera à cet usage les fonds déposés à la Caisse des dépôts et consignations (décret du 16 août 1904. art. 5).

Il est du devoir des tribunaux, appelés à se prononcer sur les demandes formées contre le liquidateur d'une congrégation religieuse dissoute, de rechercher si la créance n'est pas fictive et destinée à faire échec à l'exécution de la loi. Mais il est certain que, si la

[1] Trouillot et Chapsal : Du contrat d'association, p. 348.

créance est réelle, ce qui sera facilement établi par sa date et son caractère, l actif de la liquidation doit être affecté au paiement de cette créance.

Le liquidateur ne pourrait prétendre qu'il ne doit payer avec les deniers provenant de la vente des biens détenus par la congrégation, que les créances qui ont servi à accroître cet actif ; la loi de 1901 n'a eu en vue que la congrégation et non de simples citoyens, lesquels restent régis par le droit commun (art. 2092 C. civ.) Aucun des textes qui sont applicables aux congrégations ne permet cette distinction [1].

Si le règlement du passif présente quelques difficultés, c'est surtout à l'égard des créanciers hypothécaires de la congrégation qui poursuivent la réalisation de leur gage.

S'il s'agit de créances consenties postérieurement à la dissolution, elles sont nulles comme l'ayant été à un moment où la congrégation était dessaisie de la gestion de son patrimoine de fait et ne pouvait par conséquent le grever de charges nouvelles, et les poursuites sont nulles aussi par voie de conséquence.

Mais s'il s'agit de dettes dont l'origine est antérieure à la dissolution de plein droit, la question se pose de savoir, la dette étant à la charge de la liquidation, si les créanciers hypothécaires pourront poursuivre eux-mêmes la réalisation de leur gage ou si c'est le privilège exclusif du liquidateur que de faire vendre les biens jadis détenus ?

[1] Trib. civ. d'Amiens, 26 mars 1904. Gaz. Pal., 1904, 2, 45.

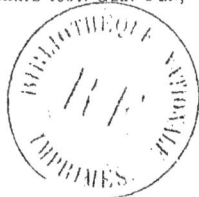

Les Tribunaux ont généralement admis que, si des poursuites étaient commencées après l'ouverture de la liquidation, et qu'il y ait en même temps contestation sur l'attribution de la propriété des biens saisis à un tiers-revendiquant ou à la liquidation, le liquidateur avait le droit d'y faire opposition, et de faire ordonner qu'il serait sursis aux opérations de la vente jusqu'à ce qu'une décision définitive soit intervenue sur le débat engagé au principal, au sujet de cette attribution [1].

Mais il y avait, dans toutes ces espèces, des demandes en revendication déjà engagées au sujet des immeubles saisis par des créanciers de la congrégation. Ils n'étaient pas définitivement acquis à la liquidation. De sorte, que, si le jugement sur l'action en revendication avait, après que les créanciers de la congrégation auraient réalisé leur gage, après la vente en justice, attribué la propriété des biens saisis à d'autres que ceux sur la tête desquels ils avaient été saisis, il aurait pu se produire alors une contrariété de décisions ; le saisissant se serait trouvé avoir fait vendre des biens qui n'étaient pas dans le patrimoine de son débiteur.

De sorte que la question reste entière de savoir quelle doit être la solution au cas de saisie, au cours de la liquidation, de biens déjà acquis à la masse. Dans ce cas, la vente demeure-t-elle le privilège

---

[1] Trib. de Lyon, 11 juillet 1903 ; Ménage : 2, 171.—Trib. de Mayenne, 7 septembre 1903; Ménage : 2, 305.— Trib. de Toulouse, 18 octobre 1903; Ménage : 2, 354. — Trib. de Montauban, 21 octobre 1903 ; Ménage : 2, 358.

exclusif du liquidateur et les créanciers doivent-ils attendre qu'elle ait lieu dans les formes prévues par la loi de 1903 ?

Deux décisions judiciaires ont admis qu'il n'y avait pas lieu de surseoir aux poursuites. Mais pour éviter toute déduction téméraire, il faut bien remarquer que, dans ces deux décisions, le liquidateur ne proposait aucun moyen de nullité à l'encontre des titres en vertu desquels la saisie avait été pratiquée.

Dans une première espèce Trib. civ. de Nantes, 8 janvier 1903 ; Ménage, 1, 352), il s'agissait d'une créance non contestée et née antérieurement à la dissolution, dont le recouvrement avait été poursuivi avant la nomination du liquidateur, dans la période qui s'étend entre la dissolution et cette nomination.

Le Tribunal de Nantes a pensé, avec raison, nous semble-t-il, « que la loi du 1er juillet 1901 est une » loi qui ne saurait être invoquée contre les simples » citoyens » et « que, loin d enlever à ceux-ci leurs » droits, elle les a formellement réservés toutes les » fois qu'elle a eu à s'en expliquer ». Il fallait, par conséquent, admettre que la congrégation pouvait, comme cela était d'ailleurs possible, conformément à la jurisprudence antérieure à 1901, être actionnée par ses créanciers Incapable activement, elle était, passivement, susceptible d'être actionnée, dès avant 1901 [1]. Elle conserve cette faculté d'être poursuivie jusqu'à la nomination du liquidateur, et cela, à raison

[1] Cass., 30 décembre 1857 (Sir. 58, 1, 225).

du danger qu'il y aurait à laisser en souffrance les droits des créanciers jusqu'à ce moment. Il faut leur permettre d'agir et de faire vendre les biens de leur débitrice, la congrégation. Il y a d'ailleurs à cela d'autant moins de dangers que les droits du liquidateur demeurent expressément réservés sur le surplus du prix provenant de l'adjudication.

Tel est le système du Tribunal de Nantes. En admettant chez la congrégation cette capacité passive, pour ainsi dire, cette faculté d'être poursuivie jusqu'à la nomination du liquidateur, cette décision concilie très heureusement les intérêts du liquidateur et ceux des créanciers et des tiers, que la loi, comme le remarque le jugement et comme nous avons eu l'occasion de le remarquer nous-mêmes, a « formel- » lement réservés toutes les fois qu'elle a eu à s'en » expliquer ».

Une deuxième espèce (Grenoble, 26 septembre 1903 ; Ménage, 2, 319) n'a de commun avec la précédente que ce fait : la créance n'était pas contestée par le liquidateur. Le Tribunal n'a débouté le liquidateur de sa demande que parce qu'elle avait été formée par voie de tierce-opposition au jugement de conversion de saisie-immobilière en vente volontaire : ce jugement étant un acte de juridiction gracieuse, la tierce-opposition ne pouvait l'atteindre.

Le Tribunal s'appuie encore, comme le Tribunal de Nantes, sur cet argument que les droits du liquidateur demeurent expressément réservés sur le prix, et que, de plus, la vente aura lieu « dans la forme

» des ventes de biens de mineurs, procédure com-
» mune aux ventes sur conversion de saisie-immo-
» bilière et aux ventes d'immeubles appartenant aux
» congrégations dissoutes ».

Il importe de remarquer, dans cette dernière décision, que c'est en 1903, c'est-à-dire deux ans après
la dissolution, que la procédure a été commencée,
alors que, dans le jugement de Nantes, c'était après la
dissolution, mais avant la nomination du liquidateur,
que les créanciers avaient commencé les poursuites.
Cette décision est donc plus difficile à justifier que la
première [1].

Ce qui a surtout contribué à entraîner l'opinion
du tribunal, ce sont les arguments rapportés plus
haut : le fait que le titre en vertu duquel le poursuivant agissait n'était pas contesté ; le défaut absolu de
préjudice pour la liquidation ; l'identité des formes
dans lesquelles devait avoir lieu la vente convertie
en vente volontaire, avec celles que prescrit la loi de
1903 ; enfin, le texte de l'article 703 du Code de procédure civile, qui ne permet le renvoi des adjudica-
tions fixées, que sur la demande expresse du poursuivant ou de la partie saisie et pour cause grave et
dûment justifiée, alors que, dans l'espèce, ce renvoi
était sollicité par un tiers, le liquidateur [2].

---

[1] En effet, ce qui la justifie, c'est que les poursuites avaient été
commencées à un moment où le liquidateur, qui, une fois nommé, a
seul le droit de poursuivre la vente des biens détenus, n'était pas
désigné. Les créanciers n'étaient donc pas encore dessaisis du droit
de poursuivre individuellement.

[2] La portée de ce dernier argument est considérablement diminuée

Mais ces arguments ne sauraient entraîner une dérogation au texte de l'article 18, qui permet au liquidateur seul de vendre les biens détenus.

La première décision se justifie par cette sorte de prorogation de la faculté d'être défenderesse, qui subsiste pour la congrégation jusqu'à la nomination du liquidateur, jusqu'à l'arrivée du contradicteur légitime de ses créanciers.

Mais il nous semble que, dans l'espèce sur laquelle avait à statuer le Tribunal de Grenoble, il y avait plutôt lieu de surseoir aux poursuites, comme l'avaient ordonné les Tribunaux de Lyon, de Toulouse, etc., dans les décisions déjà citées. Et cela par le même argument : les immeubles que l'on allait vendre faisaient l'objet d'une instance en revendication formée par le liquidateur devant le Tribunal de la Seine; le poursuivant avait saisi ces immeubles entre les mains du marquis de Monteynard, qui n'était pas congréganiste, et pour une dette personnelle. Il serait impossible, si les immeubles étaient attribués à la liquidation, d'éviter une contrariété de décisions, et le poursuivant se trouverait avoir fait vendre des biens qui n'étaient pas dans le patrimoine de son débiteur.

La solution qui nous paraît devoir être admise est donc que le liquidateur doit payer les dettes de la congrégation lorsqu'elles sont échues, et que les créances hypothécaires demeurent garanties par les

par cette considération que le liquidateur n'est pas, à proprement parler, un tiers, puisqu'il représente la partie saisie, la congrégation.

immeubles grevés de l'affectation hypothécaire. Elles donnent à leurs titulaires le droit d'être payés par préférence sur le prix, mais le droit de poursuivre la vente appartient au liquidateur seul. Nous ne ferions exception que pour le cas, très spécial, rapporté dans le jugement de Nantes, où la créance était incontestée, bien antérieure à la loi de 1901, où les biens saisis étaient acquis à la liquidation, et les poursuites commencées avant la nomination du liquidateur.

A raison de l'évidente clarté des termes de l'article 18 : « passé le délai de six mois, le liquidateur procédera à la vente en justice de tous les immeubles qui n'auraient pas été revendiqués ou qui ne seraient pas affectés à une œuvre d'assistance » , il faut admettre que cet article contient une dérogation au droit commun ; il crée une analogie certaine avec la liquidation judiciaire la suspension des poursuites individuelles. C'est pour éviter toute tentative de collusion, toute fraude, que le liquidateur est chargé de diriger toutes les opérations de la liquidation. Il y a là une prescription d'ordre public à laquelle rien ne saurait déroger.

Mais comme le vœu de la loi est (nous l'avons remarqué à maintes reprises) de sauvegarder les droits des tiers, et comme d'autre part, quoiqu'investissant très clairement le liquidateur seul du droit de poursuivre la vente, le texte n'a pas expressément déclaré que le droit de préférence du créancier hypothécaire disparaîtrait, il n'y a aucune raison de ne pas maintenir ce droit lorsque le titre demeure incontesté. Nous admettons que l'article 18 contient une dérogation au droit commun, soit. Mais comme dérogatoire au droit commun, il doit être interprété d'autant plus restrictivement que la dérogation qu'il comporte est plus grave. Or, il prescrit au liquidateur de poursuivre la vente de tous les biens détenus; mais cette prescription ne frappe que le droit de suite du créancier hypothécaire et non son droit de préférence; c'est une substitution de personne et non l'anéantissement d'un droit. C'est pour ces raisons que nous admettons, malgré le refus du droit de poursuivre, la survivance du droit de préférence du créancier, sur le produit provenant de la vente des biens grevés de l'affectation hypothécaire.

Il est certain que, comme le dit une décision en sens contraire, les créanciers peuvent voir leurs droits suspendus et subir de ce chef un préjudice considérable. Mais, ou le bien saisi est l'objet d'une instance en revendication, et il faudrait bien que, dans tous les cas, le créancier attendît l'issue de cette instance pour savoir si le bien est dans le patrimoine de la congrégation; ou bien il est, sans contestations, acquis à la liquidation, et, dans ce second cas, on peut parfaitement admettre que, sur la demande du créancier, le liquidateur puisse être contraint de faire vendre immédiatement les biens hypothéqués. Il n'est pas de règle absolue que les biens ne doivent être vendus qu'en bloc, à la fin de la liquidation seulement. Ce sont des raisons pratiques de bonne administration qui, seules, imposent cette mesure au liquida-

teur. Le créancier pourra donc contraindre le liquidateur à vendre sans délai et à lui remettre, par
préférence, le montant de sa créance, sur le prix
provenant de l'adjudication.

On le voit, ce que nous soutenons, c'est seulement
le principe, que sous aucun prétexte, un tiers ne
peut s'immiscer dans les opérations de la liquidation,
et cette solution, peut-être subtile, mais équitable,
nous paraît préférable à une dérogation, qui n'est pas
assez fortement justifiée, aux termes de l'article 18,
§ 10. [1].

En ce qui concerne les créances dues à la congrégation, en vertu du dessaisissement qui découle de
la dissolution de plein droit, c'est seulement entre
les mains du liquidateur que ses créanciers peuvent
s'acquitter. Tout créancier qui paierait à tout autre
qu'au liquidateur ou à son mandataire, s'exposerait,
sans même qu'aucune opposition ait été faite entre
ses mains, à mal payer et à payer deux fois, sauf s'il
prouvait que le paiement qu'il a fait a tourné à
l'avantage de la liquidation, qu'il a été employé, par
exemple, à améliorer des immeubles appartenant à

[1] Ont admis le sursis aux poursuites jusqu'au jugement des actions
en revendication : Trib. civ. de Lyon, 11 juillet 1903 ; Ménage : 2, 171.
— Trib. de Toulouse : 18 octobre 1903, *id.*, 2, 354. — Trib. de Montauban : 21 octobre 1903, *id.*; 2, 358.— Cette dernière décision ordonne
seulement aussi le sursis ; mais elle pose le principe que le
liquidateur seul a le droit de procéder à la vente, laissant ainsi entrevoir que ce serait la solution que nous avons soutenue qui doit être
adoptée au cas où le bien serait acquis sans contestation à la liquidation.

la masse à liquider. (Art. 1421, C. civ.) Ce créancier conserverait d'ailleurs toujours son recours contre la congrégation qui aurait reçu le paiement, car elle se serait enrichie injustement à ses dépens.

F. *Transaction et compromis.* — La transaction ni le compromis ne sont permis à aucun administrateur du bien d'autrui. La loi est muette en ce qui concerne le liquidateur des biens des congrégations. Dans le silence de la loi faut-il admettre que cet acte est impossible au liquidateur?

A notre avis la transaction ne peut lui être permise que sous l'observation des conditions des articles 467 Cod. civ. ou 487 C. comm. C'est ce dernier article qui paraît devoir lui être appliqué de préférence, car, à raison de la courte durée de son administration, nous avons admis que ses pouvoirs doivent se rapprocher plutôt de ceux du syndic ou du liquidateur judiciaire que de ceux de tout autre administrateur du bien d'autrui.

G. *Biens affectés à une œuvre d'assistance.* — Le législateur de 1901 n'a pas voulu que les biens affectés à une œuvre d'assistance fussent vendus, ni que l'œuvre disparaisse. Se substituant à la congrégation dans ce que son existence avait d'indispensable aux assistés, l'Etat recueille sa clientèle.

C'est au liquidateur à surveiller la gestion de ces établissements de bienfaisance et à assurer l'entretien des indigents hospitalisés avec les fonds déposés jusqu'à l'achèvement de la liquidation. Ces frais seront considérés comme frais privilégiés de la liquidation. (Art. 18, page 12).

2° Droits du liquidateur et ses charges relativement aux biens dont il n'a pas été mis en possession dès le début de la liquidation.

Au début de la seconde partie de cette étude des pouvoirs du liquidateur, en recherchant les conditions de la mise en possession, nous avons été amenés à remarquer qu'il était possible que ce dernier n'ait pas pu, dès le début, entrer en possession de tous les biens détenus. Il aura pu advenir qu'à l'égard de certains biens, meubles ou immeubles « auxquels il a été précisément et formellement contesté que la liquidation soit applicable », le juge des référés ait laissé le propriétaire apparent en possession et n'ait permis au liquidateur que de faire dresser des inventaires ou des procès-verbaux de description.

Il aura pu se faire aussi que le liquidateur ait exercé ses droits à la mise en possession tardivement, par exemple, si la détention par la congrégation au moment de la promulgation de la loi ne lui a été révélée pour certains biens qu'après que la liquidation aura été déjà commencée pour les autres biens.

Comment se règleront les difficultés relatives à ces deux sortes de biens qui pourront naître de cette prise de possession tardive..?

En premier lieu, en ce qui concerne les biens pour lesquels le juge des référés n'a ordonné que des inventaires ou des procès-verbaux de description, nous pouvons nous trouver en présence de deux cas bien distincts.

Dans tout ce premier groupe de biens, pour lesquels la mise en possession a été tardive, il s'agit en effet d'immeubles au sujet desquels une instance en revendication est déjà introduite au moment où le juge des référés a ordonné, à défaut de mise en possession, les mesures provisoires dont nous avons parlé.

Il y aura donc deux situations différentes à régler suivant que le liquidateur aura triomphé ou que, au contraire, ce sera le revendiquant auquel le juge du principal aura donné gain de cause.

La deuxième hypothèse ne comporte aucune difficulté. Le liquidateur doit, en principe, rendre compte au revendiquant, qui a triomphé contre lui, de sa jouissance. Mais puisque, par hypothèse, il n'y a pas eu possession, ni par conséquent jouissance, il est infiniment probable que ce règlement de comptes ne sera pas nécessaire.

Nous nous bornerons donc à l'examen de la première hypothèse ; nous supposerons que le liquidateur a triomphé dans le débat engagé au principal, et que les biens détenus temporairement par le prétendu propriétaire au cours de l'instance, en vertu de l'ordonnance rendue sur référé, ont été attribués définitivement à la liquidation.

Dans cette hypothèse, nous distinguerons encore deux cas : celui où le bien est immeuble, celui où il est meuble.

a). Le bien dont la possession a été conservée par le prétendu propriétaire est immeuble. — Dans ce premier cas, le prétendu propriétaire devra d'abord remettre l'immeuble au liquidateur ; ensuite lui rendre compte de sa jouissance au cours de l'instance.

La première de ces obligations emporte la nécessité de rendre l'immeuble tel qu'il était au moment où il eût dû, sans la résistance injustifiée du prétendu propriétaire, entrer dans la masse à liquider ; la seconde, celle d'indemniser le liquidateur de tous les amoindrissements que sa jouissance a pu apporter à la valeur de l'immeuble.

S'il s'est produit au cours de cette jouissance une moins-value, le revendiquant, demeuré provisoirement en possession, n'en est responsable que si elle est résultée de son fait ou de sa faute. Nous ne croyons pas qu'on puisse le considérer comme responsable des cas fortuits. Seul, celui qui s'est conventionnellement rendu responsable du cas fortuit, et le débiteur en demeure, sont tenus d'en supporter les conséquences, et on ne saurait considérer comme un débiteur en demeure celui qui a soutenu une instance dans laquelle il se prétendait propriétaire. Il est censé n'avoir jamais été propriétaire, et, comme le serait un tiers, il n'est responsable que de son fait, et, *à fortiori*, de sa faute.

Si, au contraire, au cours de sa jouissance, il s'est produit une plus-value, à qui doit-elle profiter ?

Les seuls principes qui puissent nous guider en cette matière sont ceux de l'action fondée sur l'enrichissement sans cause, aux dépens d'autrui. Or, les seules conditions d'exercice de cette action sont qu'il y ait eu, de la part de celui qui l'intente, « un enrichissement procuré à celui contre lequel il l'intente par un sacrifice ou un fait personnel », ou, plus exactement, qu'il y ait transmission de valeur d'un patrimoine à l'autre. (Cass. 13 juin 1892, D. 92, 1, 596. — Cass. 18 octobre 1877, D. 99, 1, 103)

Si nous appliquons ces principes à notre hypothèse, nous serons amenés à décider que la liquidation s'enrichirait injustement aux dépens du prétendu propriétaire, seulement au cas où il aurait contribué de ses deniers, ou par son propre fait, à l'acquisition de cette plus-value. En d'autres termes, si cette plus-value est une conséquence naturelle de son administration, si elle a été acquise à l'immeuble à l'aide des deniers de la congrégation, ou, à plus forte raison, par des causes étrangères à son fait, le liquidateur n'en sera pas comptable vis-à-vis de ce revendiquant qui a échoué. C'est là une pure question de fait que, dans tous les cas, une expertise tranchera avec facilité.

Quant aux baux, aux cessions ou aux transports de loyers ou droits réels quelconques consentis *ex intervallo*, ils tombent avec le titre même de celui qui les avait constitués [1].

[1] M. Monnier (*Lois Nouvelles*, 1er février 1904), dans un article sur les pouvoirs des liquidateurs des biens des congrégations dissoutes, se pose la question de savoir s'il en sera du privilège des architectes et entrepreneurs comme des autres droits réels. La première partie

Si le prétendu propriétaire a édifié des constructions ou fait des plantations nouvelles sur l'immeuble dont il est indûment demeuré en possession, les règles applicables à cette situation sont contenues dans l'article 555 du Code civil. Le liquidateur pourra, selon qu'il le jugera ou non conforme à une bonne administration, exiger de lui l'enlèvement des constructions ou plantations, ou les conserver en lui remboursant le montant exact des dépenses faites pour les exécuter.

Le revendiquant qui est demeuré en possession ne saurait, en effet, à notre avis, être traité comme un possesseur de bonne foi. L'article 550 du Code civil appelle possesseur de bonne foi « celui qui » possède, en vertu d'un titre translatif de propriété » dont il ignore les vices ». Et ce possesseur, ajoute cet article, « cesse d'être de bonne foi du moment » où ces vices lui sont connus ». Or, si les constructions et plantations ont été exécutées, comme le veut notre hypothèse, au cours de l'instance en

---

de sa réponse nous paraît devoir être admise : leur privilège tombe, puisqu'ils n'ont pas traité avec le véritable propriétaire. Mais pourquoi admettre « qu'ils n'auront que le droit de faire une saisie-arrêt entre les mains du liquidateur, mais sans privilège » ? S'ils ont traité de bonne foi avec le prétendu propriétaire, ils ont, contre la liquidation qu'ils ont enrichie par leur fait personnel, une action d'enrichissement sans cause. Mais cela, sans aucun privilège ; ce sont des créanciers chirographaires de la liquidation, sans aucun droit de préférence sur le prix provenant de l'adjudication du bien sur lequel leur privilège aurait pu porter. Dès lors, même si leur créance était reconnue, leur saisie-arrêt ne leur donnerait que le droit de venir au marc le frauc avec les autres saisissants.

revendication, il serait difficile à ce possesseur de prétendre que les vices de son titre lui étaient inconnus. Ils ne sauraient lui avoir été révélés d'une manière plus claire et plus authentique que par la signification des prétentions de son adversaire, le liquidateur.

Si, lors de la remise de l'immeuble, le prétendu propriétaire ne pouvait représenter certains immeubles par destination disparus par sa faute, il y aurait lieu de lui appliquer l'article 400 du Code pénal.

Nous verrons, en effet, en examinant les conséquences du défaut de représentation des meubles, que, suivant le système admis par la Cour de Cassation, l'article 400 du Code pénal s'applique, quoiqu'il n'y ait pas eu mise en possession effective du liquidateur. D'autre part, la Cour de Cassation a admis que les peines du détournement d'objets saisis sont applicables au cas de détournement d'objets mobiliers compris dans une saisie-immobilière, « lorsque » le fonds n'est pas affermé ». (Cass , 25 avril 1846. Sir., 1846, 1, 551.)

b). Les biens dont le prétendu propriétaire est demeuré en possession sont des meubles. — Il arrivera rarement que l'objet de la revendication ne comprenne que des meubles ; mais le prétendu propriétaire aura pu être maintenu en possession d'immeubles contenant des meubles, détenus aussi par la congrégation au moment de la promulgation de la loi.

La même obligation de rendre compte existera

aussi à sa charge, en vertu des mêmes principes. Il sera, dans le même sens, responsable de son fait.

Nous avons vu que l'article 400 du Code pénal doit être applicable au cas où des immeubles par destination ne seraient pas représentés, parce que, avons-nous dit, la Cour de Cassation a admis que, au cas où des meubles meublants et objets mobiliers quelconques ne seraient pas représentés, il y aurait lieu d'appliquer les peines de cet article, quoiqu'il n'y ait pas eu une prise de possession effective de la part du liquidateur.

En effet, la résistance du prétendu propriétaire, résistance que le juge du principal a reconnue injustifiée puisque le liquidateur a triomphé, ne saurait avoir pour résultat de le mettre à l'abri des peines de l'article 400, §§ 3 et 4 du Code pénal. Le liquidateur étant administrateur-séquestre depuis que la liquidation a commencé et pour toute sa durée, l'arrêt décide « qu'il n'est pas nécessaire, pour que le délit existe, que le liquidateur ait pris effectivement possession de la chose confiée à sa garde ; qu'il suffit que l'auteur du détournement ou du recel ait eu pleine conscience de la décision de justice ordonnant la liquidation ». (Cass. crim. 10 janvier 1905. Ménage : 1, 358) [1].

En résumé, en ce qui concerne les biens desquels le liquidateur ne s'est pas mis en possession effective,

---

[1] La Cour de cassation avait déjà décidé de même en matière de saisie, pour un détournement commis avant la saisie, mais après la décision du juge (Cass. crim. 8 novembre 1894. Sir. 95, 1, 56).

qu'il s'agisse de meubles ou d immeubles, nous admettrons que : 1° il existe à la charge de la partie qui a succombé, l'obligation de rendre compte à celle qui a triomphé[1] ; 2° que les droits réels quelconques doivent suivre le sort du titre de celui qui les a constitués.

Les hypothèses que nous venons de passer rapidement en revue ne s'appliquent qu'au cas où la prise de possession du liquidateur a été retardée par le juge des référés qui a maintenu en possession le prétendu propriétaire. En serait-il de même au cas où la prise de possession tardive du liquidateur aurait toute autre cause, par exemple : son ignorance de la détention des biens par la congrégation au moment de la promulgation de la loi, détention dont il n'aurait eu connaissance que quelque temps après l'ouverture de la liquidation.

Une distinction peut seule répondre à cette question. A notre avis, la solution sera différente, suivant que nous nous trouverons en présence de droits réels constitués, ou bien d'un détournement, d'un recel, de plantations et de constructions.

La constitution de droits réels, ou même les ces-

---

[1] Si c'est le liquidateur qui a succombé et qui est condamné à restituer, il a le droit de demander le remboursement des dépenses qu'il a faites pour la conservation de la chose, et puisqu'il est en possession, il a un droit de rétention. Il pourra ne pas effectuer la restitution jusqu'au remboursement. — Curet: Liquid., p. 124. Tribunal de Marseille, 30 juillet 1903.

sions, les transports de loyers, en un mot, tout acte autre qu'un acte d'administration, tout acte de disposition est impossible de la part de la congrégation ou du détenteur d'un bien de la congrégation à partir de la promulgation de la loi. On ne peut faire intervenir ici aucune considération de bonne ou de mauvaise foi. Nous avons admis que la liquidation amiable était impossible après la promulgation de la loi, à raison des arguments tout particulièrement prenants, que donne la jurisprudence. Cette dispersion volontaire des biens de la congrégation est impossible parce que le délai de trois mois du § 1 de l'article 18 n'est accordé aux congrégations que pour délibérer sur le parti qu'elles veulent prendre, et sous la condition suspensive qu'elles formeront leurs demandes d'autorisation ; dès la promulgation de la loi, les tiers auxquels elle permet d'exercer des revendications, les membres auxquels elle accorde des pensions et des actions en reprise ont sur ces biens, non de simples expectatives, mais des droits acquis qui ne peuvent être lésés. Tout acte postérieur à la loi est donc nul ; et la nullité peut et doit en être poursuivie par le liquidateur, représentant légal de ce groupe d'intérêts qu'est la liquidation. Par voie de conséquence, nous admettrons que, quelle que soit la cause de la mise en possession tardive du liquidateur, elle devra avoir des effets toujours identiques ; il devra retrouver le bien détenu tel qu'il aurait dû être au 1er juillet 1901. Et nous déciderons de même pour le réglement des indemnités résultant de plus ou de moins-values, parce que aucune considération de bonne ou de mauvaise foi ne peut influer sur ce réglement, qui n'est régi que par les principes de l'enrichissement sans cause aux dépens d'autrui.

Mais doit on maintenir ces décisions rigoureuses en ce qui concerne le détournement, le recel, les plantations ou constructions ?

L'arrêt que nous avons cité plus haut déclare « qu'il suffit que l'auteur du détournement ou du recel ait eu pleine connaissance de la décision de justice ordonnant la liquidation » pour que l'article 400, § 3 du Code pénal lui soit applicable. Il faudrait peut-être ajouter : « ou qu'il ait su que les biens qu'il a détournés ou recelés pouvaient être sujets à la liquidation ». Si l'arrêt n'a pas exprimé formellement cette condition, c'est que, en l'espèce, elle était inutile : puisque les biens étaient l'objet d'une instance en revendication, la mauvaise foi était surabondamment prouvée. Le prétendu propriétaire qui détournait ces biens savait bien évidemment qu'ils pouvaient être soumis à la liquidation ; mais, puisque nous nous plaçons dans l'hypothèse où il n'y a pas eu encore d'action en justice introduite au sujet de ces biens, nous pensons que le détournement et le recel ne sauraient exister que s'il est prouvé que leurs auteurs savaient que les biens étaient sujets à la liquidation. C'est là une question de fait dont l'appréciation appartient au juge.

Nous déciderons de même au cas de plantations ou de construction. S'il s'agit, par exemple, d'un acheteur de la congrégation qui ne connaisse pas le vice de son titre, il sera traité comme possesseur de bonne foi ; il ne sera pas condamné à la restitution des fruits et le liquidateur n'aura que le choix « ou de rembourser la valeur des matériaux et le prix de la main-d'œuvre, ou de rembourser une somme égale à celle dont le fonds aura augmenté de valeur ».

3° **Droits divers du liquidateur résultant de ses pouvoirs généraux ou des nécessités pratiques**

Il nous reste à examiner, avant de passer à la responsabilité et aux charges du liquidateur, divers autres droits inhérents aussi à sa mission, mais qui ne se rattachent en aucune manière au fait de la possession ou de la non possession. dans lequel nous avons essayé de grouper les faits examinés aux deux divisions précédentes de la troisième section de l'étude des pouvoirs du liquidateur.

A. *Droit d'ester en justice.* — Comme tout liquidateur, le liquidateur des biens des congrégations dissoutes doit intenter toutes actions relatives à ces biens et y défendre. Autorisé par la jurisprudence, comme nous le verrons plus loin, à se faire représenter dans d'autres opérations de la liquidation, il est obligé de figurer lui-même dans ces instances. « Nul en France ne plaide par procureur », et les condamnations doivent être prononcées contre lui ou à son profit, ès qualité.

L'exercice de cette faculté ne peut présenter quelques difficultés que dans ses conséquences à l'égard des dépens du procès. Nous retrouverons ces conséquences en traitant des effets des demandes en revendication [1].

B. *Droit de se faire représënter.* — Les nécessités pratiques ont imposé l'autorisation aux liquidateurs de se faire représenter dans la plupart des opérations de la liquidation. D'une part, la centralisation de la liquidation, d'autre part, l'importance des biens à administrer exigeaient qu'ils fussent autorisés à ne pas accomplir personnellement des opérations dont un mandataire pouvait être chargé sans inconvénients. Aussi a-t-il été jugé que, refuser au liquidateur cette faculté « serait, en réalité, rendre très onéreuse et presque impossible la mission qui lui a été confiée ». Et cela, « dans l'intérêt même des congrégations », pour ne pas augmenter sans nécessité les frais de liquidation et garantir par un actif plus considérable les intérêts de ceux que la loi appelle « les ayants droits » à cet actif. Il s'agissait, dans l'espèce, d'un mandat donné par le liquidateur pour faire procéder à des appositions de scellés (Nantes. Réf. 15 novembre 1902. Ménage 1, 248). Mais il nous paraît que cette décision peut être suivie dans tous les cas où on se trouvera en présence d'un mandataire régulier, et qu'il ne s'agira pas d'opérations où le liquidateur doit

[1] Voir Chap. III.

figurer lui-même, c'est-à-dire des instances relatives à la liquidation.

C. *Communication de titres.* — La recherche des titres qui peuvent être utiles pour connaître la consistance exacte du patrimoine de la congrégation est facilitée, lorsqu'ils sont en la possession de la congrégation, par la prise de possession et l'apposition des scellés.

Mais s'il s'agit d'actes concernant, par exemple, une société civile dans laquelle peuvent être intéressés un ou plusieurs congréganistes, il peut y avoir intérêt pour le liquidateur à se faire communiquer ces titres, même s'ils se trouvent entre les mains d'un tiers, d'un notaire. Aussi, la jurisprudence a-t-elle fréquemment ordonné cette communication. (Laval. Réf. 26 décembre 1901 ; Ménage, 1, 40. — Auxerre : Réf., 14 février 1902, 1, 58... etc...) [1].

SECTION QUATRIÈME

RESPONSABILITÉ DU LIQUIDATEUR. — PÉNALITÉS. — CHARGES.

Le liquidateur étant à la fois gardien-séquestre et administrateur, c'est sous ces deux aspects qu'il faut envisager sa responsabilité.

[1] Peut-être y aurait-il lieu de s'occuper, à cette place, des pouvoirs du liquidateur relativement aux sommes encaissées et à leur distribution. Mais nous avons vu qu'il pourrait les employer à payer les dettes qu'il ne conteste pas, et nous retrouverons le second emploi de ces sommes au sujet des allocations viagères aux membres.

Comme gardien-séquestre, il est tenu, aux termes des articles 603 et suivants du Code de procédure civile, de conserver et de représenter les biens placés sous sa garde, sauf les dérogations que ses fonctions d'administrateur entraînent fatalement. Par exemple « il ne pourra se servir des choses saisies », mais il pourra les louer, puisqu'il a mission d'administrer.

Il est responsable, vis-à vis de tous ceux qui ont un droit quelconque à l'actif de la liquidation, de son défaut de surveillance et du détournement des objets disparus. L'article 604 le déclare, au même titre, responsable des profits ou revenus, des biens mis sous sa garde.

Mais il ne serait contraignable par corps, pour ces divers chefs, que s'il existait contre lui une condamnation pénale, au cas où il y aurait de sa part un véritable détournement constituant le troisième cas d'abus de confiance de l'article 408 du Code pénal.

Comme administrateur, il engage la liquidation tant qu'il agit dans les limites de son mandat. En d'autres termes, il n'est tenu de réparer personnellement que les conséquences de sa faute lourde. Il est tenu d'apporter à l'exécution de ses obligations tous les soins d'un bon père de famille. (art. 1137 du C civ) D'ailleurs, l'appréciation de cette faute sera, comme toujours, une question de fait à trancher par les tribunaux auxquels elle pourra être soumise dans l'avenir. La jurisprudence ne nous indique actuellement aucune hypothèse.

SECTION CINQUIÈME

Conflit de pouvoirs entre Liquidateurs

Il peut se faire, et, en fait, le cas s'est présenté, que deux liquidateurs aient été nommés relativement aux mêmes biens à liquider. Si, par exemple, les tribunaux ont considéré, comme deux établissements distincts, des succursales importantes de la même congrégation, et qu'un liquidateur ait été nommé dans chacun des établissements, ces deux liquidateurs pourront se trouver en conflit. Cette erreur est, en somme, très explicable, car les différents ordres reli-gieux ont de nombreux établissements entièrement distincts, et ces établissements sont souvent situés dans divers arrondissements fort éloignés les uns des autres. C'est ainsi que, dans une des décisions ren-dues sur la matière, il s'agit de biens appartenant à divers établissements de Chartreux et situés les uns à Béziers, d'autres à Caux, en Normandie, d'autres encore dans le Gard, d'autres enfin à Grenoble.

Il est évident que, le vœu de la loi étant que le liquidateur doit demeurer unique, ces deux pouvoirs rivaux ne sauraient subsister ; il appartiendra donc au juge du fond de délimiter les attributions de chacun d'eux. (Grenoble, Réf. : 4 avril 1903 ; Mé-nage : 1, 474.)

Mais, dans l'attente de cette délimitation, il y aura un grand intérêt à prendre les mesures provisoires que la loi prescrit.

A qui appartiendra-t-il de prendre ces mesures ?
Il semble que ce doit être au premier des liquidateurs
nommés qui aura demandé au juge des référés d'ordonner ces mesures [1].

En effet, il suffit que sa nomination ait été régulière et qu'il puisse représenter la décision qui l'a
désigné. Il importe que ces mesures soient prises;
elles l'auront toujours été au profit de la liquidation,
quel que soit celui des deux liquidateurs qui triomphe
au principal. Aussi l'ordonnance précitée du Tribunal
de Grenoble, adoptant cette manière de voir, décide-
t-elle qu'il n'y a pas lieu de surseoir à l'exécution de
ces mesures, sous prétexte que le jugement nommant
le liquidateur en cause a été frappé d'une opposition,
fondée sur ce fait qu'un autre liquidateur aurait été
nommé pour les mêmes biens par le tribunal d'un
autre arrondissement.

SECTION SIXIÈME

TRIBUNAL COMPÉTENT POUR CONNAÎTRE DES DIVERSES QUES-TIONS RELATIVES A LA MISE EN POSSESSION OU AUX POUVOIRS DU LIQUIDATEUR.

Lorsqu'est intervenue la loi du 17 juillet 1903, une
jurisprudence à peu près constante attribuait compétence, suivant le droit commun, pour connaître des

---

[1] L'article 999 du Code de Procédure civile décide que : « En cas de
» concurrence entre deux ou plusieurs curateurs, le premier nommé
» sera préféré, sans qu'il soit besoin de jugement. » Mais cette solu-

actions formées par le liquidateur ou contre lui, soit au tribunal de l'arrondissement où l'immeuble était situé, soit au tribunal du domicile du défendeur. Cette loi, sur l'interprétation de laquelle nous aurons à revenir en nous occupant des actions en revendication et en reprise, est venue attribuer exceptionnellement compétence au Tribunal qui a nommé le liquidateur pour connaître des actions formées par ce dernier ou contre lui.

Cette loi s'applique incontestablement aux actions intentées devant le tribunal lui même ; mais déroge-t-elle de même à la compétence du juge des référés ? L'intérêt de cette question est considérable, puisqu'un grand nombre des espèces que nous avons examinées sont de la compétence du juge des référés. Y a-t-il lieu, dans ces cas, et notamment en matière de mise en possession, de former ces demandes devant le juge des référés du tribunal de la liquidation, ou faut-il admettre que la loi du 17 juillet 1903 n'a pas dérogé au droit commun en ce qui concerne les référés et qu'on devra présenter requête au président du tribunal du lieu de la situation des biens.

Un grand nombre de décisions ont admis que la loi du 17 juillet 1903 n'avait apporté aucune dérogation à la compétence territoriale du juge des référés, et que, par conséquent, comme avant la promulgation

tion est limitée aux successions vacantes, et l'urgence des mesures à prendre en matière de liquidation de congrégations dissoutes, justifie amplement la décision du Tribunal de Grenoble, citée plus haut.

de la loi, le Président du Tribunal de la situation des biens demeurait seul compétent en matière de mise en possession. En effet, la nécessité d'obtenir des solutions rapides, et la facilité que donne au juge de la situation des biens la possibilité de se transporter sur les lieux, sont les meilleurs motifs de cette interprétation de la loi de 1903. (Trib. civ. de Saumur. Réf. 12 août 1903; Ménage : 2, 281. — Trib. civ. de Clermont-Ferrand. Réf. 3 octobre 1903. — Trib. civ. de Bayonne. Réf. 21 août 1903. Ménage : 2, 292 et 31 août 1903. Ménage : 2, 296.)

Malgré les raisons pratiques qui paraissent soutenir cette opinion, est-il possible d'éluder ainsi le principe général de la loi de 1903, en vertu duquel le seul juge des référés compétent pour connaître des actions formées par le liquidateur ou contre lui est le Président du Tribunal de première instance, qui serait appelé à connaître, au fond, des difficultés qui divisent les parties en présence? Il nous semble, au contraire, qu'il n'y a pas lieu de déroger, en cette circonstance, au principe général.

On donne comme motifs de la solution inverse, la facilité, pour le juge de la situation des biens, de se transporter sur les lieux et la nécessité de solutions rapides ; mais n'est-ce pas aussi à raison de nécessités pratiques de la même nature, que la loi de 1903 a centralisé auprès du tribunal qui a nommé le liquidateur toutes les actions intentées par lui ou contre lui.

La nécessité de cette centralisation n'est-elle pas

un motif aussi pratiquement valable que celle d'obtenir des solutions rapides ?

Dans le silence de la loi de 1903, qui ne contient
aucune exception relative aux référés, nous admettons donc, avec la jurisprudence contraire à celle
que nous avons déjà citée, qu'il y a lieu, « pour le
» juge des référés, qui n'est pas le Président du tri-
» bunal qui a ordonné la liquidation, de se déclarer
» incompétent pour statuer sur les difficultés qui se
» rattachent à cette liquidation et qui ne présentent
» pas un caractère d'urgence [1] ». (Trib. de Fontenay-
le-Comte. Réf. 20 juillet 1903; Ménage : 2, 229. —
Trib. de Pau. Réf. 8 août 1903; Ménage : 2, 247. —
Trib. de Saint-Marcellin. Réf. 17 octobre 1902;
Ménage : 2, 350).

Nous avons ainsi passé en revue les effets de la
dissolution de plein droit en ce qui concerne la nomination du liquidateur, et ses conséquences au double
point de vue de la conservation et de l'administration de la masse à liquider.

Ce qui nous paraît constituer le trait saillant de
cette procédure, c'est le double effet, qu'elle a d'ailleurs
assez heureusement ménagé, d'assurer rapidement
et énergiquement, par son caractère rigoureux et
quasi-automatique, la main-mise du liquidateur sur

[1] Pour ce qui concerne la rétroactivité de la loi de 1903 et le dessaisissement du juge saisi, voir chap. III.

les biens auxquels la liquidation aura droit, et de sauvegarder les droits des tiers d'une manière absolue.

En effet, l'emploi des mots « biens détenus », par la signification que leur a donnée la jurisprudence, a pour conséquence de faire tomber immédiatement, grâce à l'appréciation facile du simple contact maté- riel [1] avec la congrégation tous les biens sur lesquels la liquidation pourra avoir des droits même éventuels, c'est à-dire non incontestablement établis encore sous la garde du liquidateur.

La dissolution a eu lieu *ipso facto*, par la simple expiration du délai accordé pour former les demandes ou par le refus des demandes formées dans les délais. La nomination du liquidateur qui ne peut, comme nous l'avons vu, être critiquée par des tiers, ne peut non plus être retardée. Enfin une fois ce liquidateur désigné, il est investi de pouvoirs dont ni l'étendue ni la durée ne sauraient être modifiées par le juge ; et le principal de ces pouvoirs est cette main-mise, cette surveillance effective sur les biens qu'un fait visi- ble et simple lui désigne clairement.

D'autre part, cette rigueur simpliste ne préjudicie en rien aux droits des tiers; bien au contraire, elle les raffermit dans un grand nombre de cas.

Les actes antérieurs au 1er juillet 1901 deviennent inattaquables et sont rétroactivement purgés d'une nullité radicale par l'achèvement de la liquidation ; sauf les actes à titre gratuit et sauf aussi les règles

[1] Voir page 60.

relatives à l'interposition de personne ; mais toutes ces règles sont encore, en fait profitables à des tiers, aux ayants droit, aux congréganistes eux-mêmes pris en tant qu'individus et non en tant que membres de la congrégation. De sorte que la seule victime des conséquences de la loi, c'est une entité : la congrégation ; les congréganistes eux-mêmes ont leurs droits, du moins les droits pécuniaires qu'ils ont intérêt à ne pas perdre, entièrement sauvegardés. Scrupuleusement impartiale, la loi n'atteint que l'être abstrait qu'elle a voulu frapper.

Les tiers détenteurs dont le titre est loyal, locataires, acheteurs, créanciers chirographaires ou hypothécaires, sont, eux aussi, exempts de subir aucune gêne du fait de la loi. Les créanciers chirographaires seront remboursés aussi sûrement qu'ils l'auraient été par la congrégation ; les créanciers hypothécaires ne perdront que leur droit de poursuivre eux-mêmes leur débitrice, ils conserveront leur droit de préférence sur le prix provenant de l'adjudication des biens grevés de leur affectation hypothécaire ; les acheteurs et les locataires enfin n'auront à subir que des formalités peu gênantes ; nous avons même vu qu'ils pourront, si les apparences sont en leur faveur, voir ces formalités réduites à de simples inventaires ou descriptions.

Les tiers et les congréganistes ont enfin, dans la personne du liquidateur, un contradicteur légitime contre lequel ils pourront faire valoir leurs droits. Car cette sévérité, cette rigueur, ne sont que provi-

soires. Une action rapide et rigoureuse était nécessaire pour rassembler ce que la loi a présumé devoir
être le patrimoine de la congrégation : les biens
détenus. Mais cette présomption de propriété n'est
que passagère ; elle n'a pour effet que de grouper, en
un centre d'action, ce patrimoine, en quelque sorte
présumé ; elle peut désormais être contestée et renversée. Et c'est là l'objet des actions en revendications et en reprises que nous allons maintenant
étudier.

TITRE TROISIÈME

ACTIONS EN REPRISE ET EN REVENDICATION

Dans quelle mesure les tiers et les associés sont-ils autorisés par la loi à résister au liquidateur et à soustraire à la liquidation certains biens sur lesquels la même loi leur donne des droits? Telle est la question que nous devons maintenant examiner.

La mission du liquidateur est de dégager l'actif net, d'établir la consistance liquide du patrimoine corporatif qu'il représente, en débarrassant l'actif brut des dettes et des obligations résultant de la loi qui le grèvent. La mission des tiers (nous pouvons employer ce terme pour désigner l'exercice de leur droit; car, si le liquidateur représente l'intérêt public ils représentent, eux, la somme des intérêts privés), la mission des tiers est de permettre d'arriver au même but par un effort inverse, c'est-à-dire de faire valoir ces créances, ces obligations, dont le patrimoine corporatif leur est redevable. C'est de cette lutte entre leurs prétentions et celles de leur contradicteur légal, le liquidateur, que résultera, par le simple jeu des intérêts individuels, l'actif net dont la loi ordonne la répartition entre les ayants droit.

9

Nous devons donc nous demander comment vont
se régler ces conflits si divers. A quels biens ils vont
s'appliquer? Comment s'exerceront ces droits? Dans
quel délai? Et quel est le tribunal qui doit connaître
de ces contestations ?

I. — Des biens et valeurs a revendiquer

Les biens qui ne sont acquis à la liquidation que
sous réserve qu'aucune action en revendication ne
sera formée dans les délais, ou, qu'ayant été formée,
elle aura été rejetée, c'est-à-dire les biens pour lesquels la revendication est possible sont de quatre
sortes.

La première catégorie comprend les biens dont
le liquidateur s'est mis en possession dans les
conditions que nous avons examinées au chapitre
précédent et que pourront revendiquer les tiers-propriétaires, vendeurs ou bailleurs.

La deuxième catégorie comprend les biens donnés
ou légués à la congrégation directement ou par personne interposée (art. 18, §. 7).

La troisième catégorie se compose des biens et
valeurs appartenant aux membres de la congrégation
antérieurement à leur entrée en religion ou qui
leur seraient échus depuis, soit par succession ab
$intestat$ en ligne directe ou collatérale, soit par donations ou legs en ligne directe (art. 18, § 5).

Enfin, la quatrième catégorie comprend les dons

ou legs faits aux congréganistes autrement qu'en ligne directe, mais à la charge par les bénéficiaires de faire la preuve qu'ils n'ont pas été les personnes interposées prévues par l'article 17 (art. 18, § 6).

1° Nature et objet de ces actions en revendication

Quelle est la nature des actions en revendication accordées aux diverses personnes qu'énumère l'article 18, sur ces quatre catégories de biens? Sous quelle forme juridique doit-on les concevoir, et constituent-elles de véritables actions en revendication ou de simples actions en restitution?

Le terme de revendication est réservé à l'action par laquelle une personne réclame un bien en s'en prétendant propriétaire ; et lorsque le § 6 de l'article 18 déclare que : « les dons ou legs qui auront été faits aux congréganistes autrement qu'en ligne directe » pourront être revendiqués, ce texte permet-il ainsi une véritable revendication, ou tombe-t-il dans la même erreur que l'article 526 du Code civil lorsque, déclarant immeubles toutes les actions qui tendent à *revendiquer* un immeuble, il englobe ainsi sous le terme de *revendication* les actions en résolution, en rescision, en nullité, en réméré et en réduction lorsqu'elles tendent à faire recouver des immeubles ? Ces actions ne sont pas de véritables actions en revendication et ce n'est que par une fausse interprétation de l'adage : *Actio quæ tendit ad immobilis, immobilis est*, que le Code civil peut les désigner ainsi.

Le législateur de 1901 a-t-il voulu créer des actions en revendication proprement dites, ou bien a-t-il donné au mot « revendiquées » du paragraphe 6 le même sens vague et presque inexact que les rédacteurs du Code civil ont donné au mot « revendiquer » de l'article 526 ?

Il est particulièrement difficile, à raison de l'ambiguïté des dispositions du paragraphe 6, de prendre nettement parti sur la nature de ces actions.

En effet (ce qui constitue un premier argument en faveur de l'existence d'une véritable revendication), le texte se sert du mot « revendiquées »; et une erreur de rédaction ne se présume pas, surtout si l'on tient compte de la disposition finale du paragraphe 7 : « Les biens et valeurs acquis à titre gratuit... pour-
» ront être revendiqués par le donateur, ses héritiers
» ou ayants droit ou par les héritiers ou ayants droit
» du testateur, sans qu'il puisse lui être opposé
» aucune prescription pour le temps écoulé avant le
» jugement prononçant la liquidation. » Il semble-
rait même, à première vue, que le législateur de 1901, ayant considéré la revendication comme perpétuelle et l'incapacité de la congrégation comme insusceptible d'être couverte par aucun laps de temps, a admis que le droit du donateur ne serait aucunement éteint. Ce dernier argument et les considérations qui précèdent devraient nous amener à décider que nous nous trouvons en présence de véritables actions en revendication.

Mais, d'autre part, il est certain, comme nous nous

proposons de l'établir, que ces actions peuvent porter non seulement sur les biens eux-mêmes, mais aussi sur leur valeur. Il y aura alors lieu incontestablement à l'exercice d'un droit de créance ou d'un droit réel, suivant que le bien se retrouvera ou non en nature dans la masse à liquider.

Il règne donc une sorte d'ambiguïté sur la nature de ces actions ; nous ne pouvons que conclure, à leur sujet, qu'elles seront de véritables revendications lorsqu'elles porteront sur le bien lui-même existant en nature, et des actions en reprise lorsqu'elles ne porteront que sur la valeur du bien aliéné.

L'intérêt pratique de cette discussion toute théorique pourrait être très considérable. Si le texte et les travaux préparatoires n'avaient permis de décider sans contestation possible que lorsque le bien a été aliéné, les personnes prévues par l'article 18 pourront exiger la valeur du bien sur lequel elles ont des droits, on aurait pu légitimement se demander si la loi de 1901 n'avait pas pour conséquence d'autoriser une véritable revendication contre tout détenteur d'un bien donné ou légué à la congrégation, même contre un acquéreur ou des sous-acquéreurs à titre onéreux, et cela quel que soit le laps de temps écoulé avant le jugement prononçant la liquidation, à moins que ces acquéreurs n'aient eux-mêmes prescrit la propriété de ce bien. La jurisprudence de la Cour suprême, qui admet la prescription trentenaire de l'action en revendication, était ainsi, au moins en ce qui touche les congrégations, annulée, et les revendications redevenaient possibles dans les hypothèses, où, comme dans l'affaire de la congrégation de Saint-Viateur, la Cour de cassation les avait rejetées [1].

Mais, en ce qui touche directement à la procédure de la liquidation des biens de congrégations dissoutes, malgré l'ambiguïté qui persiste sur la nature de ces actions, leur objet est du moins nettement déterminé. Elles portent sur le bien lui même lorsqu'il se retrouve en nature dans le patrimoine de la congrégation ; et sur sa valeur lorsqu'il en est sorti [2].

En effet, le texte lui-même emploie les mots « biens et valeurs » et « actions en revendication et en reprise », qui indiquent déjà clairement que les personnes que prévoit l'article 18 exerceront, suivant les cas, un droit réel ou un droit de créance.

De plus, sur une question de M. Beauregard, M. Trouillot, rapporteur de la loi, a très nettement déclaré que le projet autorisait la reprise des apports ou des dons, que l'immeuble ou la valeur mobilière donnée, léguée ou apportée, se retrouvât ou non en nature [3].

Il résulte, en résumé, de ces considérations, que les personnes auxquelles l'article 18 donne des droits, exerceront, suivant les cas, un droit réel ou un droit

[1] C. de Cass., 1879. *Loc. cit.*

[2] La nature du bien importe peu, meuble ou immeuble, corporel ou incorporel. Si c'est une simple possession qui est répétée contre la congrégation, elle le sera par une action confessoire analogue à la revendication intentée contre le possesseur actuel, le liquidateur.

[3] Journ. off., Chambre des députés, séance du 27 mars 1901.

de créance qui portera sur la chose elle-même ou sur son équivalent. Nous verrons, en traitant des effets de ces actions, quel sera cet équivalent du bien aliéné.

2° Condition d'exercice de ces actions

Comment ces actions pourront-elles être mises en mouvement par ceux auxquels la loi les accorde ? Telle est la question à laquelle la classification que nous avons adoptée nous facilitera la réponse.

En effet, les conditions d'exercice de ces actions, dont la nature est toujours identique, varieront suivant la personnalité de celui qui les exerce, et c'est ainsi qu'en passant en revue les différentes catégories de revendiquants, nous verrons que, pour chacun d'eux, ces conditions présentent quelques différences :

A. *Revendications exercées par des tiers-propriétaires.* — La première catégorie d'actions en revendication, celles des tiers-propriétaires, est une véritable revendication de droit commun.

Nous avons vu, en effet, que la première catégorie de revendiquants comprendrait tous ceux qui se prétendent propriétaires de biens dont le liquidateur se serait mis en possession en vertu de la détention par la congrégation au moment de la promulgation de la loi. Or ces actions sont des actions en revendication ordinaires. C'est en vertu du droit commun que les tiers-propriétaires revendiquent, et non en vertu de la loi de 1901 qui ne s'occupe pas de ce cas, quoique ce soit à l'occasion de l'application de cette loi que leur revendication doit se produire.

Si on a pu soutenir [1] que cette action ne saurait constituer une véritable action en revendication, comme on l'a fait avant l'application de la loi et avant que la jurisprudence que nous avons examinée en matière de prise de possession soit établie, si on le pouvait en supposant que le titre régulier du tiers-propriétaire suffirait à le mettre à l'abri de toutes poursuites de la part du liquidateur, cette manière de voir est impossible, après cette jurisprudence. En effet, il aura pu se faire qu'à raison de la détention par la congrégation au moment de la promulgation de la loi, le liquidateur ait été mis en possession. La seule voie de droit qui reste ouverte au tiers-propriétaire contre le liquidateur est la revendication, action qui est bien, par définition, celle par laquelle une personne réclame à un possesseur quelconque un bien dont elle se prétend propriétaire.

Il est inutile de s'étendre sur les caractères de cette action, qui sont ceux de toute action en revendication. En nous occupant dans un chapitre spécial du délai d'exercice de ces actions en matière de congrégation, nous examinerons le point de savoir si cette action est prescrite par six mois comme les actions prévues par les paragraphes 5, 6 et 7 de l'article 18 de la loi de 1901, ou si, comme toute véritable action en revendication, elle est perpétuelle.

---

[1] Hébrard. Du sort des biens d'une association dissoute, p. 117.

En dehors de cette hypothèse dont la discussion aura lieu en son endroit, il n'y a qu'un seul cas où une condition particulière d'exercice de cette action en revendication sera nécessaire.

C'est le cas où le revendiquant d'immeubles détenus par la congrégation au moment de la promulgation de la loi, et dont le liquidateur aura été mis en possession comme tels, sera une société civile. Si cette société civile est composée en tout ou en partie de membres de la congrégation dissoute, étant, aux termes de l'article 17, légalement présumée personne interposée, elle ne pourra, dans ce cas, exercer la revendication que si, par la preuve contraire, elle renverse la présomption qui l'atteint.

De plus, comme d'après la jurisprudence, l'article 17 est considéré comme ayant une portée rétroactive [1], il s'ensuit que la présomption légale d'interposition frappera tous les actes faits par la société civile même antérieurement au 1er juillet 1901. Si, par exemple, la société avait acheté un immeuble avant cette date et qu'au moment de la promulgation de la loi cet immeuble ait été détenu par des congréganistes, le liquidateur l'aura pris en possession ; il sera impossible dans ce cas à la société civile de revendiquer cet immeuble sans faire la preuve qu'elle n'a pas été la personne interposée prévue par l'article 17.

A plus forte raison en serait-il de même pour les

[1] Voir titre III, p. 165.

biens achetés postérieurement au 1er juillet 1901.
(Trib. Marseille, 3 avril 1903. Rec. Ménage : 1, 465.
— Trib. d'Auxerre, 22 avril 1903. Rec. Ménage : 2,
28 — C. Bordeaux, 18 mai 1903. Rec. Ménage : 2,
68. — C de Rennes, 16 juillet 1903. Rec. Ménage :
2, 215)

Nous considérerons donc ces actions comme de
véritables revendications dont les conditions d'exercice sont celles du droit commun, sauf lorsqu'elles
sont exercées par des sociétés civiles tombant sous le
coup de l'article 17 [1] ; dans ce cas, ces dernières ne
pourront revendiquer qu'en prouvant la non interposition.

De ce principe, il suit également que le bailleur
de l'immeuble détenu par la congrégation devra
intenter une véritable action en revendication pour
rentrer en possession de son bien. Le propriétaire de
l'immeuble où des congréganistes se trouvaient au
moment de la promulgation de la loi, à titre d'employé ou de domestique, devra agir de même.

---

[1] La présomption légale de l'interposition de personnes de l'article
17 atteint seulement l'associé ou la société civile ou commerciale,
composée en tout ou en partie de membres de la congrégation propriétaires de tout immeuble occupé par l'association. Mais même en
dehors de la présomption de la loi, tout tiers qui aura été personne
interposée pourra, cela va sans dire, se voir opposer par le liquidateur l'exception tirée de sa qualité de personne interposée. Ce sera au
liquidateur, dans ce cas, à faire la preuve ; mais, la preuve faite, le
résultat sera le même : la revendication sera écartée. (Trib. de Saint-
Etienne, 22 juin 1903. Rec. Ménage, 2, 114. — Trib. de Tours, 24 juin
1903 ; Ménage, 2, 215. — Trib. civ. de Marseille, 23 mai 1904. Gaz.
Pal., 1904, 2, 328).

En ce qui concerne le bailleur, cette situation présente quelque étrangeté. Aussi la solution a-t-elle été, à cet égard, contestée Mais elle n'a pu l'être qu'en contestant aussi le droit à la mise en possession du liquidateur. En établissant, comme nous l'avons fait, le droit à la mise en possession, sur le simple fait de la détention, il est impossible de donner au tiers propriétaire aucun autre moyen d'action.

Il est inutile de revenir sur le point que nous nous sommes efforcés d'établir en traitant de la détention, à savoir que l'article 18, en ordonnant la liquidation des biens détenus, fait de la circonstance de la détention une présomption légale de propriété. Cette présomption légale doit être renversée par la preuve contraire ; si facile que soit cette preuve par l'inscription au cadastre, le paiement des impôts, le caractère de la possession antérieure, si évident que soit le titre du propriétaire, encore faut-il produire cette preuve, et le seul moyen est, assurément, l'action en revendication. Les tiers-propriétaires, si cette action n'est pas formée dans les délais, dont nous examinerons plus loin la durée en ce qui les concerne, s'exposent à voir le bien définitivement acquis à la liquidation par le seul fait de leur forclusion.

Indépendamment des biens que la congrégation détenait comme locataire et de ceux où certains de ses membres se trouvaient, en qualité d'employés ou de domestiques, il se trouvera dans son patrimoine des biens dont elle s'est, autrefois, antérieurement ou postérieurement à la promulgation de la loi, rendue acquéreur. En est-elle propriétaire ? Ou bien le transfert ne s'est-il pas produit ? En d'autres termes, ces biens peuvent-ils être revendiqués par le vendeur ?

Ces deux questions constituent un des points les plus délicats à interpréter de l'article 18. Les termes de cet article n'en donnent pas la réponse ; hors de ce texte, la jurisprudence ne comprend qu'une décision unique et dont, dans l'espèce, la portée n'est pas très générale [1]. Quant aux travaux préparatoires, ils ne donnent aucun élément d'appréciation.

Rappelons d'abord les termes du paragraphe premier de l'article 17, qui prononce la nullité des actes faits en fraude de la loi : « Sont nuls tous actes entre » vifs ou testamentaires à titre onéreux ou gratuit, » accomplis soit directement, soit par personnes » interposées ou toute autre voie indirecte ayant pour » objet de permettre aux associations, légalement » ou illégalement formées, de se soustraire aux » dispositions des articles 2, 6, 9, 13, 14 et 16. »

Faut-il entendre cet article comme prononçant

[1] Ce jugement (Trib. civ. de Rodez, 16 mars 1903 ; Rec. Mén. : 1, 434) admet la possibilité de la revendication pour le vendeur ; mais dans les motifs du jugement, cette considération ne joue qu'un rôle accessoire, puisque le Tribunal accorde au demandeur l'action contre le liquidateur sous le motif principal que l'acte en vertu duquel il agit est une donation indirecte et non une vente, tout en déclarant cependant que la revendication demeurerait possible même si l'acte était une vente.

rétroactivement la nullité des actes accomplis, même antérieurement à la loi ; ou au contraire, ne décidant que pour l'avenir et validant les actes antérieurs à la loi ?

Pour les actes à titre gratuit, la réponse n'est pas douteuse. Puisque le paragraphe 7 de l'article 18 permet aux donateurs et aux héritiers ou ayants droit de revendiquer les biens qui font l'objet de la libéralité, il est bien certain que le législateur considère les actes à titre gratuit, même antérieurs à la loi, comme nuls. Mais l'article 18 ne contenant aucune règle semblable, en ce qui concerne les actes à titre onéreux, la question reste entière de savoir si l'article 17 les considère comme nuls ou comme valables, et par conséquent si la revendication est possible.

Cette deuxième interprétation d'après laquelle le législateur de 1901 aurait entendu déclarer nuls seulement les actes postérieurs à la loi peut être soutenue à raison de la rédaction imprécise de l'article 17.

En effet, il est difficile d'admettre que le législateur ait voulu déclarer nuls les actes faits en contravention des articles 2, 6, 9, 11, 13, 14 et 16 de la loi de 1901, à un moment où les prohibitions et les prescriptions qu'ils comportent n'étaient nullement en vigueur.

La nullité qu'édicte la loi dans ce texte est la sanction de l'infraction aux règles qu'ils contiennent; il est rationnellement inadmissible que le législateur ait voulu, sans aucune manifestation formelle de sa volonté, sanctionner par la nullité la contravention à des prescriptions légales qui, peut-être, existaient virtuellement antérieurement à la loi, mais sans formule précise. La loi crée un système nouveau dont la nullité est la sanction nouvelle; l'une ne peut précéder l'autre et la sanction ne peut exister avant la prescription.

De plus, la loi a été plus explicite lorsqu'elle a permis, en ce qui concerne les actes à titre gratuit, la revendication quel que soit le temps écoulé avant le jugement prononçant la liquidation.

Si elle est restée muette en ce qui touche aux actes à titre onéreux, c'est qu'elle a entendu ne pas les soumettre à ce régime et les soustraire aux actions en revendication.

Enfin peut-être ne serait-il pas trop hasardeux de soutenir que, des termes mêmes du paragraphe 1er de l'article 17, il semble résulter que l'intention formelle du législateur de 1901 a été de soustraire les actes à titre onéreux à cette sanction de la nullité. Le texte se sert des mots « *actes entre vifs* ou testamentaires *à titre onéreux* ou gratuit » ; la vente n'est pas un *acte* [1] et il n'est pas d'une terminologie courante d'appeler la vente un *acte entre vifs* ; un contrat est forcément entre vifs. La rédaction correcte de l'article 17 ne pourrait-elle pas être rétablie et complétée ainsi : « les libéralités par actes entre vifs ou testamentaires

[1] La pratique et le langage courant ont réservé le terme d'acte aux libéralités même à titre onéreux avec charges, quoique, par la nécessité de l'acceptation, étant l'œuvre de deux volontés, elles constituent aussi des contrats.

à titre onéreux ou gratuit... » ? Et cette lecture n'ex-cluait-elle pas les contrats à titre onéreux, commutatifs, ventes, baux, etc., à la sanction qu'édicte le texte?

Il faudrait donc, semble-t-il, si nous acceptions sans réserve ces motifs, décider que les contrats à titre onéreux passés avec la congrégation antérieurement à la loi sont valables.

Cependant cette solution ne s'impose pas. Nous pensons que le premier de ces arguments, qui consiste à considérer comme impossible l'existence d'une sanction quelconque avant que le fait qu'elle atteint soit interdit d'une façon formelle par une loi positive, est parfaitement fondé. Et nous en concluons que l'article 17 n'entraîne pas forcément, de par sa rédaction même, la nullité des ventes ou des baux antérieurs à la loi.

Mais de ce que le texte que nous avons en vue n'édicte pas cette nullité, il ne s'ensuit pas forcément qu'il déclare ces actes valables ; il garde simplement le silence à leur sujet et, partant, les laisse soumis au système antérieur à la loi de 1901.

Or, quel était ce système ? C'était la nullité résultant de l'inexistence légale, du défaut de personnalité juridique, nullité absolue ; et puisque la loi nouvelle n'a pas déclaré expressément le système ancien abrogé, puisqu'elle se contente de créer des sanctions pour un système nouveau, les nullités anciennes subsistent. Leur application doit concourir avec l'application de celles que crée l'article 17, les unes régissant l'avenir, les autres le passé.

Ce système laisse subsister une seule différence entre les actes à titre gratuit antérieurs à la loi et les contrats à titre onéreux, également antérieurs à la loi. Cette différence provient du fait que, conformément aux dispositions du § 7 de l'article 18, les personnes qui revendiqueront en vertu de ces actes pourront exercer leur action sans qu'on puisse leur opposer « aucune prescription pour le temps écoulé avant le jugement prononçant la liquidation », tandis que les personnes qui revendiqueront en se fondant sur l'inexistence, ne pourront le faire que si la prescription trentenaire n'a pas atteint leur action [1].

En résumé, le § 1er de l'article 17 (qu'il frappe de nullité les actes à titre gratuit seulement, ou, en même temps, les contrats à titre onéreux) ne s'applique qu'aux actes postérieurs à la loi. Mais les actes antérieurs à la loi sont atteints par la nullité résultant non plus directement de la prescription légale, mais, indirectement, de l'inexistence juridique des congrégations non autorisées. D'où il suit que, conformément à la jurisprudence antérieure à 1901, les revendiquants qui se fondent sur l'inexistence du contrat à titre onéreux qu'ils ont passé avec la congrégation verront leur action soumise à la prescription trentenaire. « L'abdication d'un droit, la » transmission de la propriété au profit du néant est » physiquement impossible. Donc, celui qui a perdu » la détention de sa chose, mais en ne consentant à

[1] Cass. 5 mai 1879. D. 1880, 1, 145.

» s'en dépouiller qu'au profit de ce qui n'existe pas,
» peut reprendre son bien où il se trouve, aussi long-
» temps que dure l'action donnée au propriétaire
» pour revendiquer[1] ».

Le vendeur pourra donc revendiquer, et cela, même s'il a fait un acte d'exécution volontaire du contrat. Cette exécution volontaire ne peut constituer une fin de non recevoir contre son action. Si même il s'est laissé condamner une première fois, il n'y aura pas eu cependant attribution de la propriété à la congrégation incapable, ni transfert de propriété à son profit. Ces faits ne peuvent être interprétés que comme une confirmation, une ratification. Or, une ratification, même expresse, serait impossible, puisque la nullité qui atteint ces actes est d'ordre public et absolu[2]. Le droit du vendeur est absolu aussi; on ne pourra même pas lui objecter la règle: *nemo auditur propriam turpitudinem allegans*, ni la règle: *in pari causa turpitudinis melior est causa possidentis*. La clause illicite, en effet, ne peut pas être assimilée à la clause immorale, et c'est ici le caractère illicite qui domine.

La principale condition d'exercice du droit du vendeur, c'est, comme nous l'avons vu, que son action, conformément à la jurisprudence admise par la Cour de cassation, ne soit pas prescrite. Il faut de plus qu'il ne soit pas personne interposée, la preuve de

---

[1] Auguste Orts. Incapacité civile des congrégations, p. 375.
[2] Cass., 14 novembre 1849. S. 49. 1, 753.

10

l'interposition de personne constituant évidemment une fin de non recevoir contre la revendication[1].

Nous avons vu ainsi dans quelles conditions générales les tiers-propriétaires, les vendeurs, les bailleurs revendiquants sont admis à faire valoir leurs droits. Il nous reste à voir comment ils pourront prouver ce droit.

Le tiers-propriétaire d'un immeuble occupé par la congrégation après la promulgation de la loi est présumé personne interposée (article 17). Il faudra donc qu'il démontre la non interposition ; c'est-à-dire le caractère réel de son acquisition. Il atteindra ce résultat en établissant l'inscription en son nom au cadastre, en produisant la quittance des impositions, en son nom également. Enfin, en établissant qu'il s'est toujours conduit comme le seul et le véritable propriétaire de l'immeuble.

Si ce tiers-propriétaire revendiquant est une société civile ou commerciale qui ne compte aucun congréganiste parmi ses membres, la simple production de son titre établira suffisamment son droit; mais si elle comprend des congréganistes, il faudra qu'elle établisse la non-interposition, comme les propriétaires des biens détenus par la congrégation.

Le vendeur et le bailleur sur lesquels ne pèsera aucune présomption d'interposition établiront leurs droits par la simple production de leur titre.

Cass., 5 juillet 1842. S. 42. 1, 590.

B. *Revendications exercées par des donateurs et des héritiers ou ayants droit des donateurs ou testateurs.* — Les paragraphes 7 et 8 de l'article 18 nous indiquent la composition du second groupe de personnes auxquelles la loi accorde des actions en reprise ou en revendication :

« Les biens et valeurs acquis à titre gratuit et qui » n'auraient pas été spécialement affectés par l'acte » de libéralité à une œuvre d'assistance pourront » être revendiqués par le donateur, ses héritiers ou » ayants droit ou par les héritiers ou ayants droit du » testateur, sans qu'il puisse lui être opposé aucune » prescription pour le temps écoulé avant le juge- » ment prononçant la liquidation.

» Si les biens ou valeurs ont été donnés ou légués » en vue de gratifier non les congréganistes, mais de » pourvoir à une œuvre d'assistance, ils ne pourront » être revendiqués qu'à charge de pourvoir à l'accom- » plissement du but assigné à la libéralité. »

. Il résulte clairement de ce texte que l'action en reprise ou en revendication peut être exercée d'abord par le donateur ; ensuite par ses héritiers ou ayants droit ou par les héritiers ou ayants droit du testateur.

La priorité appartient au donateur, et de son vivant, conformément au droit commun, ses héritiers ne peuvent pas l'exercer, puisqu'ils n'ont pas le droit de disposer de biens qui sont encore dans le patrimoine de leur auteur. Il en serait autrement de ses créanciers, auxquels cette priorité appartient aussi, et qui agiraient, dans ce cas, comme exerçant les droits et actions de leur débiteur en vertu de l'article 1166.

L'action des héritiers du testateur ne pourra être exercée qu'après la mort de ce dernier, mais même alors les héritiers pourront se trouver en présence d'une difficulté toute particulière.

En effet, pour éviter, de la part des héritiers légitimes, des réclamations, qui, même sous le régime antérieur à la loi de 1901, étaient possibles, des testateurs sont parvenus à enlever tout moyen d'action à ces héritiers. Ce résultat peut être obtenu par l'institution d'un légataire universel sur la fidélité duquel le testateur puisse compter [1].

Dans la plupart des cas, ce légataire n'a d'ailleurs que ce titre, sans aucun émolument à retirer de l'actif de la succession. Mais comme ce titre lui permet de profiter à lui seul de la caducité des legs nuls, il est seul admis à en poursuivre la nullité, hors le cas d'atteinte à la réserve. Toute réclamation est donc impossible de la part de tout héritier, même réservataire, sauf si la réserve est atteinte, puisqu'il suffira que ce légataire, dont le testateur est d'ailleurs sûr, refuse d'agir, ayant seul le droit à l'action, pour qu'il soit impossible de produire aucune de ces réclamations en justice.

Mais la jurisprudence décida d'abord que ces institutions étaient valables seulement lorsque ce titre de liquidataire universel était sérieux ; et, enfin, la Cour

[1] Aug. Orts : Incapacité civile des congrégations, p. 362.

de cassation, appliquant ce principe, décida que ce titre ne serait pas sérieux, toutes les fois que ce légataire ne l'aurait reçu que pour éluder les prescriptions édictées par l'article 910 du Code civil dans un intérêt d'ordre public[1]. En d'autres termes, la jurisprudence, en son état actuel, ne considère ce légataire universel qui ne retire aucun émolument de la succession que comme un exécuteur testamentaire.

Nous admettrons donc, conformément à ces principes, que les héritiers pourront exercer l'action en revendication que leur accorde l'article 18, même s'ils se trouvent en présence d'un légataire universel de cette nature.

En matière de donation, les libéralités indirectes ou déguisées donneront aussi lieu à l'exercice de l'action en revendication. La simulation ou l'interposition de personne pourront être prouvées conformément à la règle ordinaire, par tous moyens de preuve, comme fraude à la loi.

Cette action atteindra donc, sous ces conditions, tous les biens donnés ou légués à la congrégation à titre gratuit. Mais, parmi ces biens, il en est de deux catégories : ceux qui lui ont été donnés ou légués directement et ouvertement, et ceux dont elle ne bénéficie qu'indirectement par interposition de personne. Il semblerait, à première vue, que le § 7 de l'article 18 ne permît à la deuxième catégorie de revendiquants dont nous nous occupons que la revendication des biens donnés à la congrégation.

[1] Cass., 17 novembre 1857. J. du Palais 54, 2, 67.

Cependant cet article vise certainement tous les biens acquis à la congrégation, directement ou par personnes interposées. Si, par exemple, un bien a été donné à un congréganiste, sur lequel pèse la présomption légale de l'article 17 et que le congré·ganiste ne renverse pas cette présomption par la preuve contraire, il s'ensuivra, l'interposition de personne étant ainsi établie, que le véritable bénéficiaire de la libéralité est bien la congrégation elle-même. Il n'y a aucune raison, dans l'intérêt des tiers, que la loi s'est efforcée de sauvegarder, pour ne pas traiter ce bien comme ceux que la congrégation a reçus directement, et ne pas en permettre la revendication par les personnes énumérées dans les §§ 7 et 8.

Nous avons ainsi déterminé quelles sont les conditions d'exercice de ces actions relativement aux personnes. Il n'y a pas d'autres conditions imposées relativement aux objets de ces libéralités. La revendication est toujours possible, quel que soit cet objet et quelle que soit la forme employée pour réaliser la libéralité. Le don manuel lui-même constitue un acte de libéralité entre vifs, et n'ayant pas été exclu par le législateur d'une manière expresse, « il rentre dans » la catégorie des actes donnant naissance à la reven- » dication. » (Trib. Auxerre, 11 mars 1903. Rec. Ménage : 1, 148.)

Comment ces divers revendiquants du deuxième groupe prouveront-ils leur droit ?

Dans les hypothèses où les libéralités que vise le

paragraphe 7 de l'article 18 auront été accomplies directement, il leur suffira de prouver leur qualité de donateur, d'héritier ou d'ayant cause du donateur ou du testateur.

Mais si, comme il arrivera d'ailleurs dans la plupart des cas, les libéralités n'ont pas été faites directement à la congrégation, mais par personne interposée. il faudra, de plus, que les revendiquants établissent l'interposition, à moins que cette preuve ne résulte implicitement de la présomption légale de l'article 17. L'effet de la présomption légale est de renverser la charge de la preuve et de la reporter sur ceux contre lesquels ils forment leur revendication.

Il y aura un cas où cette présomption légale ne souffrira plus la preuve contraire. C'est celui que nous avons exposé précédemment, où l'action en revendication d'un donateur n'aura été intentée que sur l'échec d'une action de même nature formée par un congréganiste, présumé légalement personne interposée et qui n'aura pu fournir la preuve contraire.

Comme on l'a très justement fait observer [1], il s'agit ici d'une nullité absolue et non d'une simple annulabilité. Le revendiquant, dans toutes ces instances, peut se dispenser de mettre en cause le bénéficiaire qu'il prétend personne interposée. « Le donateur est resté propriétaire ; il n'a pas à attaquer l'acte ; il peut agir directement en revendication. »

[1] Curet. Liquidation des biens des congrégations, p. 119. (Trib. de Marseille, 5 mars 1904, inédit.)

Néanmoins il sera prudent d'appeler en cause ce bénéficiaire, car la voie de la tierce-opposition comme nous le verrons plus loin, lui demeure ouverte jusqu'à l'expiration des délais d'opposition et d'appel. Il n'y a pas une nécessité absolue à provoquer cette mise en cause, qui n'aura d'autre avantage que de prévenir une tierce-opposition possible pendant ces délais.

En somme, les donateurs et les héritiers ou ayants droit des donateurs et des testateurs peuvent revendiquer, à la seule condition de prouver leur qualité, et, de plus, l'interposition de personnes, s'ils agissent au sujet d'une libéralité faite à la congrégation indirectement, et par l'intermédiaire d'une personne autre que celles qui sont légalement réputées, par l'article 17, personnes interposées. Au cas où la présomption légale s'appliquera, l'interposition sera prouvée, par le fait même, lorsque le revendiquant agira contre un congréganiste qui aura échoué dans sa revendication, et sera ainsi atteint irrévocablement par la présomption légale.

C. *Revendications exercées par des membres de la congrégation.* — La dernière catégorie de revendiquants dont nous ayons à nous occuper, comprend tous les associés membres de la congrégation dissoute.

Les paragraphes 5 et 6 de l'article 18 qui consacrent leurs droits, sont ainsi conçus : « Les biens et

» valeurs appartenant aux membres de la congréga-
» tion antérieuremeut à leur entrée dans la congré-
» gation, ou qui leur seraient échus depuis, soit par
» succession *ab intestat* en ligne directe ou collatérale,
» soit par donations ou legs en ligne directe, leur
» seront restitués.

» Les dons et legs qui leur auraient été faits
» autrement qu'en ligne directe pourront être éga-
» lement revendiqués, mais à charge par les béné-
» ficiaires de faire la preuve qu'ils n'ont pas été les
» personnes interposées prévues par l'article 17. »

Ce texte distingue donc deux catégories de biens
pour lesquelles les conditions de la revendication sont
différentes : les biens visés par le paragraphe 5, relativement auxquels les congréganistes ne sont pas
réputés personnes interposées, et ceux que vise le
paragraphe suivant relativement auxquels cette présomption existe.

a) *Biens et valeurs appartenant aux congréganistes
au moment de leur entrée en religion ou qui leur
seraient échus depuis par succession* ab intestat *sans
considération de ligne, ou par donation ou legs en ligne
directe.* — Le premier groupe de biens qui pourront
être revendiqués sans que le revendiquant ait à
prouver l'absence d'interposition de personne comprend lui-même deux subdivisions.

La première de ces subdivisions comprend les
biens que les congréganistes possédaient personnellement au moment de leur entrée en religion, et qui,

depuis ont été détenus par la congrégation au
moment de la promulgation de la loi[1]. Les congréganistes ont conservé, en tant qu'individus, leur
pleine capacité ; leur propriété personnelle n'est
évidemment entâchée d'aucun vice. Il suffira donc,
pour que leur revendication réussisse, qu'ils prouvent leur titre. Ils se trouvent exactement dans la
situation d'un tiers-propriétaire d'un immeuble
détenu par la congrégation. Leur action est soumise
à la même condition : la preuve de leur titre[2].

La deuxième subdivision comprend les biens qui
seraient échus aux congréganistes par succession *ab
intestat* ou par don ou legs en ligne directe. Le législateur de 1901 a pensé que l'affection présumée du
défunt, sur laquelle est fondée la dévolution *ab intestat*, devait laisser supposer que, dans ce cas, c'était
le congréganiste lui-même qui était le véritable bénéficiaire de la libéralité, sans aucune présomption
d'interposition de personne. De même pour les dons
ou legs, la qualité d'héritier en ligne directe entraîne
la même présomption d'affection.

Ces effets se produisent quel que soit le degré suc-
cessoral où se trouve le congréganiste gratifié. Il est
vrai qu'à mesure que le degré s'éloigne, cette présomption devient de plus en plus fragile ; mais la loi
n'ayant pas déterminé de degré, la revendication est

[1] Il est évident que si le congréganiste en a conservé la possession
personnelle, et que la congrégation ne les ait pas détenus après le
1er juillet 1901, ces biens échappent complètement à la liquidation.
[2] Trib. cor. Versailles, 26 février 1903. Rec. Ménage : 1, 480.

permise *in infinitum* sans présomption d'interposition [1].

La seule condition d'exercice de cette action est la preuve de la qualité d'héritier en ligne directe ou collatérale dans le premier cas du § 7, en ligne directe seulement dans le second cas prévu par le même paragraphe.

b) *Dons et legs faits aux congréganistes autrement qu'en ligne directe.* — Ce second groupe comprend les dons ou legs faits aux congréganistes en ligne collatérale, et ceux dont ils ont été gratifiés sans qu'il y ait eu entre le donateur ou le testateur aucun lien de parenté.

Il faudra d'abord, pour que les congréganistes appartenant à ce groupe puissent exercer leur action, qu'ils prouvent leur titre de donataire ou de légataire. C'est là une première condition qui, d'ailleurs, est commune à toutes les actions en revendication ou en reprise que nous avons déjà examinées.

Il en est une seconde autrement importante. C'est

---

[1] Il est à remarquer que le texte écarte complètement les dons ou legs en ligne collatérale, quoique dans les successions *ab intestat*, il admette la revendication *sans présomption légale d'interposition à son préjudice* si le congréganiste est héritier dans cette ligne. Peut-être une distinction basée sur le degré de parenté et non sur la ligne eût-elle été plus équitable. Il est illogique que la présomption d'interposition n'atteigne pas un congréganiste s'il est héritier en ligne directe, fût-il à un degré très éloigné, alors qu'elle l'atteint si c'est par un frère ou une sœur qu'il a été gratifié. Cet effet de la loi peut être étrange, mais le texte est formel.

l'obligation, pour les revendiquants, de prouver qu'ils ne sont pas personnes interposées.

L'étude de cette condition nous amène tout naturellement à traiter ici de la présomption légale d'interposition de personne édictée par l'article 17, et à en faire, à propos des congréganistes revendiquants, une étude particulière qui, à raison de son importance, fera l'objet d'une division spéciale.

Mais avant d'aborder cette étude qui, tout en visant plus particulièrement les congréganistes atteints, aux termes du § 6 de l'article 18, par cette présomption, aura une portée plus générale, il importe de se demander (pour écarter définitivement ce qui concerne l'exercice des actions accordées aux congréganistes) si les dispositions des §§ 5 et 6 comprennent toutes les actions qu'ils peuvent exercer, ou s'il en est d'autres. En d'autres termes, peut-on admettre que, eu dehors des dons ou legs et des biens dont ils étaient propriétaires antérieurement à leur entrée dans la congrégation, les congréganistes puissent exercer d'autres actions en revendication ? Si, par exemple, un congréganiste a, depuis qu'il est congréganiste, acquis un immeuble, et que cet immeuble, se trouvant détenu par la congrégation au moment de la promulgation de la loi, ait été pris en possession par le liquidateur, ce congréganiste pourra t-il revendiquer cet immeuble et le soustraire à la masse à liquider ?

Il est certain que, quoiqu'accompli postérieurement à l'entrée en religion du revendiquant, un tel acte est parfaitement valable. Le congréganiste n'a, personnellement, rien perdu de sa capacité ; il n'est pas mort civilement ; il a conservé la plénitude de ses droits. « Sa qualité de propriétaire ne disparaît » pas sous l'habit de sa profession religieuse [1]. »

Mais s'il peut user de ses droits dans la mesure où tout citoyen peut le faire, il ne s'ensuit pas que, pas plus que tout autre citoyen, il en puisse user pour faire fraude à la loi. Cet acte pourra donc être dépourvu d'effets si le congréganiste a été personne interposée en faveur de la congrégation. Qu'il soit considéré comme tel, à raison de la preuve produite contre lui de son interposition, ou qu'il le soit en vertu de cet autre mode de preuve que constitue la présomption légale de l'article 17, et que cette présomption doive ou non être considérée comme atteignant rétroactivement les actes antérieurs à la loi, ce sont là des considérations que nous retrouverons en traitant de l'interposition et qui, en l'espèce, n'ont aucune importance. Pour le moment, il nous suffit de constater que le congréganiste qui a acquis en son nom personnel est devenu propriétaire, s'il n'est pas personne interposée.

En raisonnant ainsi, il n'y a aucune raison de ne pas admettre en sa faveur la faculté de revendiquer l'immeuble qu'il a acquis à titre onéreux, postérieurement à son entrée en religion. L'immeuble était détenu par la congrégation ; mais ce fait ne crée, en

[1] Versailles, 26 février 1903. Rec. Mén., 1, 408.

faveur de la liquidation, qu'une présomption de propriété qu'il pourra renverser en produisant son titre; et, de plus (si on admet que la présomption légale doit atteindre rétroactivement cette acquisition), en démontrant qu'il n'est pas personne interposée [1]. Il faut faire abstraction de sa qualité de congréganiste, comme il en a d'ailleurs fait abstraction lui-même, en traitant en son nom personnel, et considérer que ce congréganiste, qui a simplement cédé à la congrégation l'usage du bien qu'il revendique, n'a pas entendu faire fraude à la loi, mais conserver pour lui le bénéfice de son acquisition.

C'est d'ailleurs le principe qu'ont posé de nombreuses décisions, qui, tout en repoussant les actions formées par des congréganistes, soit parce que la preuve de l'interposition était fournie par le liquidateur, soit par application de l'article 17, ont admis implicitement que, hors de ces deux cas, la revendication d'un bien acquis à titre onéreux par un congréganiste postérieurement à son entrée en religion, était possible.

(C. de Caen, 16 février 1903. Rec. Ménage: 1, 402. — C. de Besançon, 15 juillet 1903. Id.: 1, 189. — Trib. de Nîmes, 12 février 1903. Id.: 1, 389. — Trib. de Grenoble, 9 juin 1903. Id.: 2, 88. — Trib. de Versailles, 26 février 1903. Id.: 1, 408. — C de Montpellier, 18 mars 1903. Id.: 1, 452.)

En effet, non seulement, comme nous venons de

[1] Cass., 5 juillet 1842. S., 42, 1, 590.

le voir, il n'y a aucun obstacle de principe à l'exercice de cette action ; non seulement la loi de 1901 ne
contient aucune disposition expressément prohibi-
tive (disposition qui s'imposerait, semble-t-il, pour
consacrer une pareille dérogation au droit commun),
mais encore, l'article 17 déclare personnes interposées : « Les associés à qui ont été consenties des ventes ». Or, si ces associés sont légalement présumés
personnes interposées sous réserve de la preuve contraire, c'est évidemment qu'il leur est permis d'administrer cette preuve, ce qu'ils ne pourront faire
qu'en revendiquant

La proposition contraire à celle que nous nous
sommes efforcé d'établir, le système d'après lequel,
dans aucun cas, un congréganiste acquéreur à titre
onéreux postérieurement à son entrée en religion ne
peut revendiquer les biens ainsi acquis, vient cependant d'être admise par deux jugements du Tribunal
de la Seine. (17 mars 1904. Gaz. Pal. : 1, 477. —
21 avril 1904 Id. : 1, 638.)

Mais la deuxième de ces décisions se fonde surtout
pour refuser l'action au congréganiste (comme l'ont
fait d'ailleurs les décisions nombreuses que nous
avons rapportées plus haut) sur une forte présomption
résultant de ce fait, que « les biens objet de l'acqui-
» sition avaient fait précédemment partie d'une
» société anonyme constituée entre les membres de la
» congrégation. »

Quant à la première décision, elle pose le principe que « l'état de congréganiste rend les associés

» incapables d'acquérir quoi que ce fût par eux-mêmes
» à titre onéreux. » Mais ce principe était abandonné
depuis l'ancien droit. Il était admis, depuis lors,
que la loi, ne connaissant pas les vœux, ne pouvait
leur donner d'effet légal, sinon à titre de présomption
morale, du moins jusqu'au point de retirer toute
capacité à celui qui les a prononcés. Le congréganiste
n'est plus, comme durant la période de l'ancien droit
qui reconnaissait et sanctionnait sévèrement les vœux,
un mort civil. Le principe posé par le tribunal de
la Seine est trop nouveau et trop rigoureux dans ses
conséquences pour qu'une décision isolée puisse le
consacrer définitivement. C'est pour cette raison que
les conclusions auxquelles nous étions parvenus nous
paraissent devoir être maintenues.

Après avoir examiné tous les chefs des actions en
revendications accordées aux congréganistes, nous
pouvons en venir à l'étude des présomptions légales
de l'article 17.

La présomption d'interposition de personne crée
une impossibilité d'exercice de la revendication ;
aussi est-ce sous ce titre que nous l'étudierons, avec
une autre impossibilité qui résulte du fait que le bien
revendiqué a été donné au légué en vue de gratifier
une œuvre d'assistance. La première impossibilité
n'atteint que les congréganistes et certains tiers ;
la deuxième vise les congréganistes, les donateurs
et les héritiers ou ayants droit des donateurs ou
testateurs.

3° Impossibilité d'exercice des actions en revendication

A. *Impossibilité résultant pour les congréganistes des présomptions légales de l'article 17.* — Pour reven·diquer les dons ou legs qu'ils ont reçus autrement qu'en ligne directe, les congréganistes sont, aux termes du paragraphe 6 de l'article 18, dans l'obligation de prouver qu'ils ne sont pas les personnes interposées prévues par l'article 17.

Cette disposition atteint très certainement les dons ou legs dont ils ont été gratifiés postérieurement à la promulgation de la loi de 1901. Peut-elle atteindre de même les dons ou legs reçus par eux antérieurement à la loi? En d'autres termes (et c'est là une simple question de renversement de la charge de la preuve) : si des congréganistes revendiquent contre le liquidateur des biens provenant de dons ou legs reçus par eux antérieurement au 1ᵉʳ juillet 1901, et qui se trouvaient à cette date détenus par la congrégation, doivent-ils, pour triompher dans leur action, prouver " qu'ils n'ont pas été les personnes interposées » prévues par l'article 17 » (art. 18, § 6); ou cette preuve incombe-t-elle au liquidateur? Ou encore, et c'est la question précise à laquelle nous devons répondre : l'obligation de fournir la preuve de la non interposition aux termes du paragraphe 6 de l'article 18 incombe-t-elle aux congréganistes qui reven·diquent des dons ou legs reçus par eux à une époque quelconque, antérieure au postérieure à la promulgation de la loi, ou seulement à ceux qui revendi-

11

quent des dons ou legs reçus postérieurement à cette promulgation.

C'est cette question seule qui rentre directement dans l'étude des actions formées par les congréganistes. Nous ne rechercherons qu'en second lieu, si toutes les présomptions d'interposition qu'édicte l'article 17 doivent être interprétées comme celles que prévoit l'article 18, § 6, et appliquées avec effet rétroactif.

L'interprétation du § 6 ne saurait être douteuse. C'est avec effet rétroactif que cette présomption spéciale d'interposition de personne doit être appliquée.

Si on adoptait toute autre interprétation, la disposition de la loi demeurerait dépourvue de sens L'article 18, en effet, contient les règles qui doivent fournir la solution des difficultés naissant de la liquidation, et il n'a d'autre but que de régler cette procédure Cette disposition vise donc uniquement les congrégations dissoutes. Il faudrait, par conséquent, admettre, si l'on repousse l'interprétation rétroactive, que la présomption d'interposition du § 6 ne s'applique qu'aux dons ou legs reçus par les congréganistes depuis la promulgation de la loi; c'est-à-dire, puisque dans la plupart des liquidations, on se trouve en présence de congrégations dont la dissolution remonte au défaut d'autorisation ou de demande d'autorisation prescrite par la loi, que le texte ne s'appliquerait qu'aux dons ou legs reçus depuis le 1er juillet 1901. On voit clairement que cette solution dépouillerait de tout effet la disposition de la loi.

D'ailleurs, en dehors même de cette considération le texte est suffisamment précis et ne peut s'entendre qu'avec un effet rétroactif C'est ce que des décisions judiciaires, qui, par ailleurs, se refusaient à donner une application rétroactive aux autres dispositions de l'article 17, ont reconnu. « Le législateur » a le pouvoir d'attacher un effet rétroactif à une loi, » notamment en soumettant à de nouvelles conditions l'efficacité de droits antérieurement acquis ; » mais encore faut-il qu'il le dise et que sa volonté » soit nettement exprimée, sans quoi le juge se » trouve dans la stricte obligation d'appliquer la » règle de la non-rétroactivité; le législateur de 1901 » l'a si bien compris que, dans le paragraphe 6 de » l'article 18 de sa loi, il a dit : « les dons et legs qui » leur auraient été faits autrement qu'en ligne directe, pourront être également revendiqués, mais » à charge par les bénéficiaires de faire la preuve » qu'ils n'ont pas été les personnes interposées prévues par l'article 17 ». Cette disposition du paragraphe 6 de l'article 18, qui déplace le fardeau de la » preuve *avec effet rétroactif*, doit rester dans les » limites étroites que le législateur a fixées et ne » saurait être appliquée aux autres cas de revendication » (Trib. d'Angoulême, 30 juin 1902. Rec. Ménage : 1, 132.)

Le tribunal de Valence admet aussi la même solution : « Attendu que le paragraphe 6 de l'article 18 » constitue encore un argument en faveur de la non-» rétroactivité de l'article 17; qu'en effet, la dispo-

» silion qu'elle impose aux bénéficiaires de dons et
» legs faits autrement qu'en ligne directe la charge
« de faire la preuve qu'ils ne sont pas personnes
» interposées, deviendrait inutile dans le système
» contraire...» (Trib. Valence, 16 mars 1903. Rec.
Ménage : 1, 447.)

Ces deux décisions ont donc considéré comme évidente la rétroactivité du paragraphe 6 de l'article 18.

De plus, la Cour de cassation, dans un arrêt du 8 février 1904 *(Gazette du Palais*, 15 février 1904. Rec : 1904, 1, 255 [1]), a consacré cette solution :
« Attendu, dit la Cour, que cette disposition qui vise
» les libéralités dont la congrégation dissoute aurait
v été bénéficiaire réel sous le couvert de personnes
" interposées et qui renverse la charge de la preuve
» vis-à-vis des personnes et dans certains cas énu-
» mérés dans l'article 17, est manifestement appli-
» cable dans l'article 18, quelle qu'ait été la date
» de la libéralité frappée de suspicion.»

Nous considérerons donc comme certain que, quelle que soit la date de la libéralité reçue par le congréganiste, autrement qu'en ligne directe, il ne pourra réussir dans son action en revendication qu'à charge par lui de faire la preuve que lui impose le paragraphe 6.

La présomption d'interposition de personnes, au sujet de laquelle nous venons de conclure, est énoncée dans l'article 18, ainsi que dans l'article 17 ;

---

[1] Pand. Franç. Rec : 1904, 1, 367.

devons-nous admettre que les autres personnes légalement présumées interposées, aux termes de ce dernier article seulement: les associés acquéreurs à titre onéreux des biens de la congrégation, les tiers, la société civile ou l'associé propriétaire de tout immeuble occupé par la congrégation, sont soumises à la même obligation de faire, pour triompher dans leur action en revendication, la preuve qu'elles ne sont pas personnes interposées; et cela, quelle que soit la date de leur acquisition, fût-elle antérieure à la promulgation de la loi?

Nous avons déjà rencontré la plupart de ces présomptions, et c'est ici l'endroit, à l'occasion du paragraphe 6 de l'article 18, de discuter leur portée générale et la question de savoir si elles doivent aussi recevoir une application rétroactive.

Si nous passons en revue les arguments fournis par les décisions qui suivent l'interprétation rétroactive, nous trouvons d'abord un argument tiré des travaux préparatoires, ensuite un second argument tiré des principes généraux, et enfin un argument de texte.

On remarque tout d'abord que, dans les débats qui ont eu lieu à l'occasion de la loi, les thèses présentées étaient contradictoires et qu'elles ont engendré une grande confusion, mais que, malgré cette confusion, « à diverses reprises des manifestations caractéristi- » ques ont témoigné de l'intention du législateur de » maintenir le principe de la non-rétroactivité »

(Nimes, 12 février 1902 ; Rec. Ménage, 1, 389 [1]), et
en effet, une de ces manifestations est particulièrement significative. Au cours de la séance du 29 mars
1901, le paragraphe final de l'article 18 qui, d'après
le texte de la Commission de la Chambre des députés, déclarait nuls tous les actes translatifs de propriété ou d'usufruit des biens détenus par la congrégation, passés à partir du 14 janvier 1901, fut, avec
l'assentiment de la Commission et celui du Président
du Conseil des Ministres, rejeté comme entaché de
rétroactivité, d'où on conclut *a fortiori* que toute idée
de rétroactivité a été repoussée de même par le
législateur, puisque le Parlement a refusé d'admettre
cette rétroactivité, limitée cependant au 14 janvier
1901, date où s'ouvrirent les débats de la loi [2].

Les principes généraux du droit s'opposent tout
aussi fortement à l'interprétation rétroactive de l'article 17. En dehors de toute manifestation expresse
de la volonté du législateur, de toute déclaration
précise, comme c'est le cas pour l'article 17, on ne
peut admettre que des dispositions légales puissent
léser des droits acquis. Or, dès avant 1901, c'est un
droit acquis pour un congréganiste qui a conservé,
quoique congréganiste, sa pleine capacité civile, que

[1] De même Valence, 16 mars 1903. Rec. Ménage, 1, 447 : « Attendu
» que ni l'examen des rapports ni la lecture des discussions qui ont
» précédé le vote de la loi de 1901 ne révèlent l'intervention du légis-
» lateur... »

[2] Augoulême, 30 juin 1902. Rec. Mén.: 1, 132. — C. Lyon, 15 juillet
1902. *Id.*, 2, 1, 166. — Nimes, 12 octobre 1903. *Id.*, 1, 389. — Versailles, 26 février 1903. *Id.*, 1, 408. — Grenoble, 9 juin 1903. *Id.*, 2, 88.

de contracter librement. C'est aussi pour lui un droit acquis « que celui de faire décider, d'après la légis-
» lation existant au moment où un acte a été passé,
» la question de savoir si un genre de preuve ou de
» présomption est ou non admissible pour entraîner
» ou non la validité de ces actes » (Grenoble, 12 août 1903 ; Rec. Mén : 2, 160), et c'est un droit acquis pour les associés auxquels ont été consenties des ventes, pour le tiers, l'associé ou la société civile propriétaire de l'immeuble occupé par la congrégation, que de pouvoir revendiquer sans se voir opposer la présomption de l'article 17.

Le caractère de loi d'ordre public ne saurait davantage être invoqué en faveur de la rétroactivité de l'article 17. Des lois concernant l'ordre public ont été interprétées sans rétroactivité, notamment la loi du 28 mars 1885 sur les marchés à terme (même jugement). D'ailleurs cet argument aurait pour effet, si on le généralise, de rendre rétroactives toutes les lois.

On produit enfin en faveur de la non-rétroactivité un argument tiré du texte même. D'après cet argument, l'article 17 n'aurait d'effet que dans l'avenir. L'article 18 vise les congrégations irrégulièrement formées existant au moment de la promulgation de la loi, tandis que le second paragraphe de l'article 17, qui édicte les présomptions légales d'interposition de personne, est la suite nécessaire du premier paragraphe du même article. Ce premier paragraphe frappe de nullité les actes accomplis par personnes interposées ; le deuxième paragraphe énumère ces personnes ; or

« en lisant attentivement ce premier paragraphe, on
» y voit que les actes qu'il vise et annule sont préci
» sément ceux qui ont pour objet de se soustraire aux
» dispositions des articles 2, 6, 9, 11, 13, 14 et 16 ;
» par ces mots : «ont pour objet de se soustraire». le
» législateur a manifesté clairement qu'il a entendu
» viser les actes qui seraient inspirés par une inten-
» tion de fraude et destinés à tourner la loi de 1901;
» du reste, les articles 13, 14 et 16, qui traitent des
» conditions d'établissement d'une congrégation n'ont
» pu avoir en vue que les congrégations postérieure-
» ment formées à la loi de 1901, puisque l'article 13
» notamment, qui emploie l'expression « se former »,
» indique en même temps que l autorisation, condi-
» tion de cette formation, doit émaner du pouvoir
» législatif, ce qui n'était pas nécessaire avant cette
» date et que, dans l'article 16, il stipulait que toute
» congrégation formée sans autorisation sera illicite. »
(Versailles, 9 juin 1903. Rec. Mén. : 2, 88.) Il suit de
ce raisonnement que, si la nullité édictée par le premier paragraphe ne rétroagit pas, les diverses présomptions du deuxième, qui n'en sont que la conséquence, ne doivent pas non plus rétroagir [1].

Une deuxième opinion, d'après laquelle les actes,
même antérieurs à la loi de 1901, sont nuls et les
présomptions d'interposition qu'elle édicte susceptibles de recevoir une application rétroactive, s'appuie

---

[1] Tribunal de Versailles, 26 février 1903.

également sur les travaux préparatoires, les principes généraux du droit et la loi elle-même, (Marseille, 3 avril 1903. Rec. Mén.: 1, 461).

Les partisans de cette deuxième manière de voir écartent d'abord l'argument tiré du rejet du paragraphe final de l'article 18, tendant à donner un effet rétroactif à la loi. La commission de la Chambre avait adopté l'amendement de M. Isambert, annulant rétroactivement tous les actes passés par les congrégations au sujet de leurs immeubles à partir de l'ouverture des débats de la loi, c'est-à-dire à partir du 14 janvier 1901. La suppression en fut demandée au cours des débats, et M. Waldeck-Rousseau y consentit sans difficulté, sous le motif que la disposition dont il était question aurait fait double emploi avec les présomptions édictées dans l'article 17. Il est donc certain que, pour le président du Conseil, les dispositions de l'article 17 devaient rétroagir, puisque la disposition rejetée, elle-même rétroactive, aurait fait double emploi avec elles.

L'argument tiré des travaux préparatoires ainsi écarté, les principes généraux du droit, dans cette opinion, doivent de même conduire à l'interprétation rétroactive. En effet, dès avant 1901, les actes accomplis par personnes interposées au profit d'un être inexistant sont nuls, de nullité absolue; tout intéressé peut donc en demander à tout moment la nullité; un titre aussi fragile ne peut évidemment pas constituer au profit de la personne interposée un droit acquis. L'article 17, par dérogation aux principes

généraux, a déplacé le fardeau de la preuve et a mis
à la charge des revendiquants l'obligation de détruire
les présomptions qu'il édicte ; mais l'espérance que
ceux-ci peuvent avoir conçue sous la législation antérieure d'être à l'abri de toute recherche, à raison de
la difficulté où seraient les intéressés d'établir la
simulation et la fraude, n'a évidemment aucun des
caractères d'un droit acquis, et par suite ne saurait
faire obstacle à l'application de la loi nouvelle. (Tribunal de Marseille. *Cit.*)

Enfin la loi de 1901 a fait elle-même application
des présomptions qu'elle édicte à des actes antérieurs
à sa promulgation (même jugement). Le § 6 de l'article 18, comme nous l'avons déjà vu, s'applique aux
biens que détenaient les congrégations existantes au
moment de la promulgation de la loi, et ne permet aux
congréganistes, à qui ils seraient échus par dons ou
legs autrement qu'en ligne directe, de les revendiquer
qu'à charge de faire la preuve qu'ils ne sont pas les
personnes interposées prévues par l'article 17. Si les
dispositions de l'article 18 sont applicables « quelle
» que soit la date de l'acte frappé de suspicion, e·t-il
» possible d'attribuer une portée différente aux dis-
» positions du second lorsqu'elles formulent la pré-
» somption dont l'article 18 contient une applica-
» tion[1]. » — Tel est le dernier argument qu'invoquent
les partisans de la rétroactivité.

La discussion étant ainsi posée très nettement sur

[1] Curet. Liq., p. 109.

le même terrain par les partisans de l'une et de l'autre
opinion, qui se fondent également sur les travaux
préparatoires, les principes généraux et le texte de
la loi, ne nous paraît cependant pas tranchée définitivement en faveur du système de la rétroactivité.

La jurisprudence nous fournit des décisions et des
motifs au moins spécieux, sinon péremptoires, dans
les deux sens.

De plus l'arrêt de la Cour suprême du 8 février
1904, que nous avons rapporté à propos des revendications formées par des congréganistes donataires
ou légataires autrement qu'en ligne directe ne tranche
la question qu'à ce point de vue particulier et n'est
pas d'une portée générale[1].

Il est vrai que l'arrêt renferme une allusion qui
pouvait peut-être faire supposer que, pour les autres
présomptions de l'article 17, la Cour déciderait comme
elle a décidé pour la présomption qui est contenue
également dans l'article 18 : « Attendu, dit la Cour,
» visant ainsi le paragraphe 6 de ce dernier article,
» que cette disposition qui vise les libéralités dont
» la congrégation dissoute aurait été le bénéficiaire
» réel sous le couvert de personnes interposées, et
» qui renverse la charge de la preuve vis-à-vis de
» personnes et dans certains cas énumérés par l'ar-
» ticle 17, est manifestement applicable dans l'article
» 18, quelle qu'ait été la date de la libéralité frappée
» de suspicion; *qu'on ne saurait attribuer une portée*

---

[1] Pand. Franç. Rec: 1904. 1, 301.

» *différente aux dispositions de l'article 17 lorsqu'elles*
» *formulent la présomption dont l'article 18 contient*
» *une application ;* que si le législateur dans ces deux
» articles, déroge à la règle de la non-rétroactivité
» des lois en renversant la charge de la preuve au
» regard d'actes passés même avant la promulgation
» de la loi nouvelle, sa volonté sur ce point doit être
» considérée comme certaine. »

Mais il ne résulte pas de cet arrêt d'une façon certaine que la Cour de cassation se soit engagée irrévocablement dans la voie de la rétroactivité. L'arrêt applique l'article 18 (paragraphe 6) rétroactivement; mais il n'étend formellement la rétroactivité aux dispositions de l'article 17 que « lorsqu'elles formulent la présomption dont l article 18 contient une application. » C'est, d'après les termes mêmes de l'arrêt, cette seule présomption, celle qui atteint les associés acquéreurs de la congrégation, ou donataires et légataires autrement qu'en ligne directe, c'est donc *une* des présomptions de l'article 17, alors que cet article en contient plusieurs autres, que l'arrêt du 8 février 1904 a appliquée aux actes même antérieurs, à la loi. Ce n'est pas dédaigner l'autorité incontestée qui s'attache aux décisions de la Cour suprême que de dire qu'elle n'a pas tranché une question dont l'espèce qui lui était soumise ne lui permettait pas de s'occuper, à moins de se prononcer, contrairement à la prohibition formelle de l'article 5 du Code civil, par voie de disposition générale et réglementaire.

La Cour n'a certainement pas voulu trancher une

question sur laquelle elle n'avait pas à statuer, à
savoir si les autres présomptions de l'article 17
doivent recevoir de même une interprétation rétroactive. Il est beaucoup plus probable que le passage
que nous avons cité est destiné à répondre à un des
motifs de l'arrêt de la Cour de Lyon, que l'arrêt de
Cassation est venu mettre à néant. En effet, dans cet
arrêt la Cour de Lyon ' concluait, *inversement, de la
non-rétroactivité de l'article 17 à la non-rétroactivité du
§ 6 de l'article 18,* ne considérant ce paragraphe que
comme une simple application de l'article 17, auquel
elle déniait toute rétroactivité. C'est ce raisonnement
qu'avec raison d'ailleurs, la cour de Cassation a
voulu atteindre, et cette réponse nécessitait l'allusion que fait le passage rapporté aux présomptions
de l'article 17.

La question qui nous occupe n'étant pas tranchée
par la jurisprudence, il nous reste à examiner quels
sont les motifs qui peuvent rendre préférable une
des théories en présence.

Le premier argument en faveur de la rétroactivité,
celui qu'on tire des travaux préparatoires, consiste
à dire que, le rejet du paragraphe final de l'article 17,
tel que l'avait élaboré la Commission de la Chambre
des Députés, ayant été suivi de la déclaration de
M. Waldeck-Rousseau, que ce texte aurait fait, s'il
eût été maintenu, double emploi avec l'article 17,

' C. de Lyon, 1903. Rec. Mén. : 1, 166.

cette déclaration suffit à prouver l'intention du législateur en faveur de la rétroactivité.

Cet argument ne donne pas une preuve évidente de cette intention. Il est bien certain que, dans la pensée du Président du Conseil, l'article 17 devait avoir un effet rétroactif ; mais, comme l'observe très justement un jugement du Tribunal de Nimes : « Cette observation n'a pas eu la portée qui s'attache » d'ordinaire aux doctrines formulées par son auteur » n'ayant été suivie d'aucune sanction et ayant *au* » *contraire été précédée de la suppression du texte plus* » *haut mentionné ;* qu'au surplus l'adoption succes-» sive des amendements de MM. Lhôpiteau à la » Chambre, Tillaye et Guérin au Sénat, a accentué » l'intention du Parlement de laisser les droits » acquis antérieurement à la loi nouvelle sous l'em-» pire de l'ancienne législation ». Il est évident, en effet, que la pensée du Président du conseil était fixée dans le sens de la rétroactivité, mais que la Chambre ayant, avant son intervention, manifesté par le rejet du texte de la Commission, une intention nettement contraire à la rétroactivité, l'interprétation qu'il a donnée de l'article 17 n'a que la valeur d'une opinion personnelle, si considérable qu'elle soit.

Si les débats parlementaires ne nous livrent pas la pensée précise du législateur de 1901, le texte lui-même n'est pas plus explicite ; et si la lecture du § 6 de l'article 18 impose à première vue une interprétation rétroactive, il n'en est pas de même de l'article 17.

Le premier paragraphe de cet article dispose en ces termes : « Sont nuls tous actes entre vifs ou testa- » mentaires, à titre onéreux ou gratuit, accomplis » soit directement, soit par personne interposée, ou » toute autre voie indirecte, ayant pour objet de per- » mettre aux associations légalement ou illégalement » formées de se soustraire aux dispositions des arti- » cles 2, 6, 9, 11, 13, 14 et 16. »

Les partisans de la rétroactivité voient dans les mots « sont nuls » par lesquels commence le texte, l'intention évidente de désigner tous les actes anté- rieurs ou postérieurs à la loi, sans distinction [1].

Mais, à leur tour, les partisans de la non-rétroac- tivité tirent, du renvoi que fait le texte aux articles 2, 6, 9, 11, 13, 14 et 16, une preuve non moins évi- dente en faveur de leur système [2]. Et cela, en pré- tendant que la nullité n'est que la sanction des con- traventions aux articles auxquels le texte renvoie, et que cette sanction ne saurait préexister aux prescrip- tions qu'elle a pour fin dernière de faire respecter. A plus forte raison, les présomptions du § 2 de l'arti- cle 17, qui, d'ailleurs, font corps avec les nullités édictées par le premier paragraphe, ne doivent pas rétroagir, puisque la nullité n'est pas de droit nou- veau, puisqu'elle existait avant 1901 et qu'au con- traire, les présomptions légales introduisent un droit

[1] Trib. de Lyon, 18 juin 1902. Rec. Mén. : 1, 117.
[2] Trib. de Versailles. Trib. d'Angoulême (cités).

nouveau, une nouvelle charge plus lourde au détriment de ceux dont cette même nullité atteignait les actes [1].

On tire aussi un argument particulièrement fort en faveur de la rétroactivité, du § 6 de l'article 18 : « La » loi établit ainsi (en appliquant une des présomptions » de l'article 17) un lien étroit et direct entre l'article 18 et l'article 17. Si la disposition du premier de » ces articles est applicable quelle que soit la date » de l'acte frappé de suspicion, est-il possible d'attribuer une portée différente aux dispositions du » second, lorsqu'elles formulent la présomption dont « l'article 18 contient une application [2]. »

Nous avons déjà rencontré cet argument, et nous avons vu également qu'il est possible d'en tirer parti dans un sens tout opposé, comme l'a fait le Tribunal de Valence dans une décision déjà citée : « La dis» position qui impose aux bénéficiaires de dons ou » legs faits autrement qu'en ligne directe, la charge » de faire la preuve qu'ils ne sont pas personnes » interposées, deviendrait inutile dans le système » contraire, puisque le liquidateur trouverait dans » l'article 17 le droit d'opposer les présomptions » légales aux congréganistes revendiquants. » En effet, la loi établit un lien direct entre l'article 17 et l'article 18, § 6, mais pour appliquer à un cas particulier la règle générale.

[1] Voir les jugements de Versailles, d'Angoulême, de Nimes, déjà cités.
[2] Curet. Liquidation... p. 109.

Peut-on conclure légitimement de la rétroactivité
évidente de la règle particulière à la rétroactivité de
la prescription générale, et n'est-il pas d'une logique plus sûre, comme l'a fait une des décisions citées,
de conclure du général au particulier, de la non-
rétroactivié de l'article 17 à celle de l'article 18 ?
Ainsi, cet argument de texte paraîtrait devenir favorable à la non-rétroactivité.

Quant à l'argument tiré du caractère de loi d'ordre
public que prend la loi de 1901, il n'est pas plus
décisif. La loi nouvelle, présumée meilleure, doit
s'appliquer immédiatement dans celles de ses dispositions qui ont une portée d'ordre public. Mais,
comme le fait remarquer aussi une décision déjà
citée « des considérations de cet ordre dominent la
» plupart des modifications introduites dans la légis-
» lation », et ce raisonnement aboutirait à rendre
toutes les lois rétroactives.

En dernière analyse, ce dernier argument écarté,
il est impossible de considérer comme entièrement
probants les deux arguments tirés des travaux préparatoires de la loi et de son texte même ; le premier,
pour cette raison que l'opinion émise par M. Waldeck-Rousseau est intervenue après le rejet du texte
rétroactif, et le deuxième, par ce motif que le texte
n'est pas d'une clarté évidente, et qu'on peut en tirer
(plus logiquement peut-être) une conclusion favorable à la non-rétroactivité ou, tout au moins, des conclusions contradictoires.

12

La rétroactivité de l'article 17 ainsi établie sur des motifs, assurément spécieux et parfois particulièrement troublants, mais contestés, peut-elle trouver des fondements plus fermes sur le terrain des principes généraux?

Tout d'abord, avant de tenter cette démonstration, demandons-nous si cette rétroactivité est nécessaire à l'application de la loi dans son esprit même.

L'article 17 et les questions de nullité qu'il résout auront évidemment lieu de trouver leur application au cours de la liquidation. Les revendiquants, congréganistes, tiers ou sociétés civiles, propriétaires des immeubles détenus vont se voir opposer le second paragraphe de l'article 17. Et il est certain que les congrégations dissoutes trouveraient dans la non-rétroactivité de ces présomptions le moyen de soustraire à la liquidation une grande partie de leurs biens par des contrats de société, de vente, de constitution d'hypothèque ou d'usufruit, contrats déjà passés antérieurement pour déguiser leur véritable propriété. Elles retireraient ainsi le bénéfice d'actes antérieurs à la loi et accomplis néanmoins en fraude de la loi, par anticipation pour ainsi dire. Il est, d'ailleurs, à noter que cet effet se produirait au détriment des ayants droit à l'actif restant, héritiers ou ayants droit auxquels la présomption d'interposition des personnes permet de rev ndiquer, congréganistes dénués de ressources, etc.

Comme l'a surabondamment démontré M. le procureur général Beaudoin, devant la Cour de cassation, en développant les conclusions prises par lui au sujet de l'arrêt du 8 février 1904, il serait donc nécessaire, pour que la loi produise son entier effet, que les présomptions de l'article 17 soient considérées comme rétroactives.

Mais le législateur a-t-il voulu cette rétroactivité ?

Nous avons vu, par l'examen des circonstances du rejet du texte de la commission, qu'on ne pouvait pas affirmer que le Parlement ait indiqué d'une façon précise son intention

Il y a dans le vote de la loi de 1901 deux points qui ont été laissés imprécis à dessein. A deux reprises le Parlement a eu des hésitations dans lesquelles l'opposition a voulu voir des défaites: le premier de ces fléchissements, c'est le rejet de l'amendement Isambert; le second, c'est le vote de l'amendement Lhôpiteau. Dans le second, comme nous le verrons en nous occupant de la répartition de l'actif restant, le Parlement a voulu en décidant que cet actif serait réparti entre les ayants droit, laisser aux Tribunaux le soin de décider quels seraient ces ayants-droit, alors que le texte de la commission comportait nettement l'attribution de cet actif à l'Etat. Dans le premier, le Parlement a également voulu laisser aux Tribunaux le soin de décider si cette rétroactivité s'appliquerait, et dans cette appréciation les tribunaux, à défaut de texte précis, à défaut de manifestation de volonté formelle de la part du législateur, devront s'aider des principes généraux du droit.

Or, les principes généraux doivent conduire à une

application rétroactive des présomptions de l'article
17. C'est ce qu'il nous reste à démontrer pour avoir
établi que, malgré l'insuffisance des travaux préparatoires, malgré l'imprécision du texte, les revendiquants qui rentreront dans une des trois catégories
du second alinéa de l'article 17 seront atteints par
les présomptions légales qu'il édicte, quelle que soit
la date de la libéralité, et seront astreints à faire la
preuve qu'ils ne sont pas personnes interposées.

Qu'est, en effet, la loi du 1er juillet 1901, sinon une
loi sur la capacité des personnes, non pas sur la
capacité des personnes physiques qu'elle laisse parfaitement intactes, mais sur celle des personnes
morales, et en particulier des congrégations religieuses qu'elle soumet à la nécessité d'une autorisation
ainsi qu'à l'accomplissement d'autres formalités?
Nous n'avons pas à discuter la valeur juridique de
cette application de la théorie de la personnalité fictive aux congrégations religieuses; nous nous trouvons en présence d'une loi formelle qui n'a pas
admis d'autre système en ce qui concerne les congrégations. Elle réglemente leur capacité, elle constitue
donc une loi sur la capacité des personnes morales.

Or, il est de l'essence de ces sortes de loi de produire un effet rétroactif. « La capacité est l'aptitude,
» la faculté de faire tel ou tel acte ; or, une faculté
» qui n'a pas encore été exercée ne peut être consti-
» tutive d'un droit acquis [1]. De ce principe, il résulte

[1] Aubry et Rau, t. 1, n° 96, p. 63 ; Laurent, t. 1, n° 182.

que, si une personne capable sous l'empire de la loi ancienne n'a pas usé de cette capacité, la loi nouvelle ne lèse pas un droit acquis en la lui retirant. Inversement, et c'est le cas des congrégations qu'atteint la loi de 1901, les actes faits par des incapables ne sont pas validés par la survenance d'une loi nouvelle suivant laquelle ces actes eussent été valables s'ils avaient été passés sous son empire [1]. En d'autres termes, la capacité ne peut constituer un droit acquis quand elle n'a pas été exercée.

Ces principes, couramment admis, s'appliquent aussi bien aux capacités ou incapacités actives qu'aux incapacités passives, aux incapacités de recevoir aussi bien qu'à celles de donner, puisque toute incapacité de recevoir crée une incapacité correspondante de donner, incapacité qui est générale et absolue quand la prohibition de recevoir est elle-même générale et absolue. Si nous faisons application de ces principes aux présomptions d'interposition de l'article 17, nous admettrons que les congrégations incapables avant 1901 sont évidemment demeurées incapables après la promulgation de la loi, et que toutes les incapacités qui résultent par voie de conséquence de leur incapacité propre doivent rétroagir. En effet, la *faculté* (ce terme paraît préférable, en l'espèce, à celui de capacité ou d'incapacité auquel il est d'ailleurs presque synonyme), la faculté pour un associé, un tiers ou une société civile, propriétaires d'immeubles détenus

[1] Trib. St-Omer, 14 mars 1895. D., 96, 2, 117.

par la congrégation, de traiter avec cette dernière sans être considérés comme personnes interposées, faculté qu'ils avaient avant 1901, n'a pas été exercée. Ce congréganiste ou ce tiers a pu traiter avec la congrégation comme personne interposée, il est vrai ; mais il n'a pas, à proprement parler, exercé, en agissant ainsi, la faculté de n'être pas considéré comme personne interposée ; il ne l'aurait exercée que si, ayant été appelé à produire son droit en justice, il avait, conformément au droit commun alors en vigueur, contraint son adversaire à faire contre lui la preuve qu'il était cette personne interposée. Il aurait alors réellement usé de son droit, il se serait servi de sa faculté, et si plus tard, en 1901, au moment de la liquidation, il se présentait pour revendiquer le même bien au sujet duquel il aurait été reconnu, par une première décision rendue antérieurement à 1901, n'être pas personne interposée et qu'on lui opposât la présomption légale de l'article 17, il serait en droit de répondre alors qu'il a usé d'une faculté dont le droit commun lui permettait l'usage et qu'il a acquis ainsi un droit que la loi nouvelle ne saurait lui retirer.

Mais, hors de ce cas, cette faculté ne peut être considérée comme un droit acquis, elle est atteinte par la loi qui, étant une loi sur la capacité des congrégations, entraîne comme conséquence l'application des règles qui gouvernent ces lois en ce qui concerne leur rétroactivité, même au regard de ceux qui ont traité avec les incapables visés par elle,

car pour ces derniers, il résulte, de l'incapacité
qu'elle édicte, des incapacités correspondantes qui
doivent rester soumises aux mêmes règles.

La personne interposée a perdu la faculté qu'elle
n'a pas exercée, de mettre le fardeau de la preuve à
la charge de son adversaire. Cet adversaire use,
d'ailleurs, des modes de preuve que lui donne le
droit en vigueur, au moment où il intente son action.
Ce droit lui donne une présomption contre le revendiquant; celui-ci ne peut que fournir la preuve contraire autorisée par la loi.

Quelle que soit la valeur du système que nous
proposons, il offre au moins cet avantage de permettre
d'échapper aux incertitudes des débats et aux impré-
cisions du texte. De plus, cette rétroactivité implicite
s'impose rationnellement, puisque l'effet que le législateur a voulu obtenir, c'est-à-dire la dispersion
complète et immédiate des congrégations, serait
impossible sans elle, alors que cet effet est, en somme,
le but de la loi, que ses adversaires ont vainement
combattu, et que ses partisans ont entendu atteindre.

En résumé, le § 6 de l'article 18 recevra une application rétroactive parce que, à cet égard, l'intention
du législateur est formellement exprimée dans le texte
et les présomptions du § 2 de l'article 17 recevront la
même interprétation, malgré le rejet du texte de la
commission, en vertu du principe incontesté de la
rétroactivité des lois relatives à la capacité des personnes.

Il nous reste à examiner, pour en avoir terminé avec l'interposition de personnes, comment la preuve contraire pourra être administrée au cas où elle est présumée par la loi, et comment elle est prouvée par le liquidateur dans le cas contraire.

Dans le premier cas, la production du titre d'acquisition [1] ne constituera pas une preuve suffisante de la non-interposition, puisque c'est précisément ce titre qui est frappé de suspicion par la loi. Le caractère de la possession, l'inscription au cadastre, le paiement des impôts, sont la suite nécessaire de la simulation présumée du titre. Ils constituent des agissements sans lesquels ce titre lui-même ne serait qu'un essai maladroit de simulation et, comme tels, ne sauraient constituer des preuves suffisantes.

Il faudra donc que le revendiquant s'appuie sur d'autres éléments de preuve, qu'il ne pourra trouver que dans des présomptions graves, précises et concordantes.

A vrai dire, après avoir écarté les présomptions qui résultent du paiement des impôts, de l'inscription au cadastre, et du caractère de la possession, il sera très difficile, surtout dans les revendications fondées sur des acquisitions à titre gratuit, de prouver par ailleurs, la sincérité du titre. Dans les acquisitions à titre onéreux, il résultera une très forte présomption du fait que le revendiquant a été en mesure de payer, et a réellement payé de ses deniers le prix du

[1] Trib. de Saintes, 15 novembre 1902. Rec. Mén.: 1, 243.

bien acquis [1]; mais pour les acquisitions à titre gratuit, la preuve sera souvent impossible. Il n'existe
pas, à notre connaissance, de décisions qui aient
reconnu cette preuve comme accomplie.

Dans le second cas, ce sera au liquidateur à prouver l'interposition; il pourra le faire par tous moyens,
puisqu'il s'agit de fraude à la loi, même par de simples présomptions

Dans le premier, comme dans le deuxième cas, la
valeur probante de ces présomptions est appréciée
souverainement par les juges du fait.

B. *Impossibilité d'exercice des actions en revendication résultant de l'affectation des biens donnés ou légués
à une œuvre d'assistance.* — Après avoir étudié les
effets de l'impossibilité d'exercice qui découle de l'interposition de personnes il nous reste à voir l'impossibilité qui, aux termes du § 9 de l'article 18, résulte du
fait que les biens « ont été donnés ou légués en vue
» de gratifier non pas les congréganistes, mais de
» pourvoir à une œuvre d'assistance ».

Cette impossibilité dont nous traitons à l'occasion
des actions formées par les congréganistes a une portée plus générale et atteint en même temps que ces
derniers les donateurs et les ayants cause des donateurs et testateurs.

[1] Trib. de Nimes. 12 février 1903, Rev. Mén. : 1, 389. — Trib. de Lyon,
18 juin 1902. Rec. Mén.: 1, 117. (Le premier jugement admet la présomption, mais laisse entrevoir que la décision du Tribunal aurait été
tout autre si la preuve du paiement du prix eût été faite).

Le § 7 de l'article 18 fait prévoir déjà que les biens « spécialement affectés par l'acte de libéralité à une » œuvre d'assistance ne pourront être revendiqués ».

Le § 9 prescrit la condition grâce à laquelle la revendication deviendra possible : il faudra que le revendiquant se charge de pourvoir au but assigné à la libéralité.

La première prescription de la loi est donc que l'acte de libéralité ait affecté les biens légués ou donnés à une œuvre d'assistance ; d'où il résulte que la loi ayant surtout en vue l'intention du donateur ou testateur, si le gratifié avait lui-même, de son propre mouvement, affecté le bien donné à une œuvre d'assistance, il n'en aurait pas pour cela rendu la revendication impossible.

La deuxième prescription est la condition sans l'accomplissement de laquelle la revendication est impossible : le revendiquant doit se charger de remplir le but de la fondation. Il est bien évident qu'une promesse platonique ne suffirait pas et que les tribunaux qui auront à se prononcer sur des actions intentées dans ces conditions pourront exiger des garanties non seulement de solvabilité mais encore d'exécution directe des engagements pris. Il sera donc prudent de permettre, par le même jugement qui statuera sur l'action en revendication aux représentants légaux de l'établissement charitable de prendre une inscription d'hypothèque sur les biens immeubles du revendiquant et, s'il ne possède pas d'immeubles, d'exiger de lui l'achat de titres de rentes pris au nom de l'établissement.

Avec ces précautions, l'inexécution des engagements se présentera rarement, mais si elle se produisait, l'Etat pourrait évidemment revendiquer ces biens, sur lesquels personne n'a aucun droit, ni le revendiquant, puisqu'il a cessé de réaliser la condition suspensive qu'il a acceptée, ni la congrégation, les biens appartenant désormais au but qu'a poursuivi le donateur. Ils devront donc faire retour à l'Etat qui, comme il le fait généralement, devra les considérer comme dévolus à des œuvres semblables à celles que le donateur a voulu soutenir [1], à ceux qu'on a appelés les *parents intellectuels* de l'établissement charitable, les établissements de même nature ou les pauvres de la commune.

C'est évidemment au liquidateur qu'incombe le devoir de demander au revendiquant l'accomplissement de cette condition, l'engagement de pourvoir à l'accomplissement du but assigné par le donateur à la libéralité. C'est contre lui que l'action est intentée et, de plus, il a la surveillance des intérêts des pauvres hospitalisés aux besoins desquels il doit pourvoir au cours de la liquidation ; il pourra, d'ailleurs, mettre en cause les représentants légaux de l'établissement charitable.

L'impossibilité d'exercice dont nous venons de nous occuper étant d'ordre public, il en résulte que le Tri-

[1] Code civil espagnol, art. 39.

bunal pourra la suppléer d'office. Il sera donc très
rare, en fait, que cette charge ne soit pas imposée
au revendiquant.

II. — Délais des actions en revendication
ou en reprise

Après avoir recherché quels étaient les biens à
revendiquer et quelles étaient pour chaque catégorie
de personnes les conditions de la revendication, avant
de déduire des principes posés les effets de cette
revendication, il importe de se demander dans quels
délais ces actions peuvent être exercées.

Le § 9 de l'article 18 est conçu en ces termes :
« Toute action en reprise ou revendication devra,
» à peine de forclusion, être formée contre le liqui-
» dateur dans le délai de six mois, à partir de la
» publication du jugement. » La sanction de cette
règle est la forclusion ; passé le délai, les revendiquants ne sont plus recevables à former leur demande,
et le bien sur lequel cette action aurait pu porter est
définitivement et irrévocablement acquis à la masse
à liquider.

Ce délai commence à courir du jour de la publication du jugement qui a nommé le liquidateur.
Comme cette publication doit avoir lieu dans chacun
des arrondissements où se trouvent des biens détenus
par la congrégation, il y aura donc une date différente du point de départ du délai pour chacun de ces

arrondissements, mais ces diverses dates ne sauraient être très éloignées les unes des autres.

Ce délai n'est pas une véritable prescription, mais un délai préfix ; d'où il suit qu il ne comporte aucune cause de suspension.

Le système du délai préfix adopté par la loi de juillet 1901 tranche la controverse que nous avons précédemment rencontrée en recherchant quelle était la nature des actions accordées aux diverses personnes de l'article 18. Depuis l'arrêt de la Cour de cassation de 1879, la discussion sur le point de savoir si l'action en revendication était ou non susceptible de s'éteindre par voie de prescription, semblait tranchée doctrinalement en faveur des partisans de l'imprescriptibilité de cette action, malgré les termes de l'article 2262. Mais le législateur de 1901 a admis, au contraire, une prescription très rapide, et cela dans l'intérêt de la liquidation. On ne pouvait évidemment songer à laisser sous le coup d'une action en revendication perpétuelle les opérations de la liquidation ; la prescription trentenaire était elle-même de beaucoup trop lente. Il fallait que la liquidation, opération longue et délicate, pût être clôturée définitivement, et surtout que l'actif net restant soit distribué irrévocablement aux ayants droit [1].

---

[1] « En créant au profit du donateur qui s'est dessaisi de son bien un avantage comme celui qui consiste à lui permettre d'en redevenir propriétaire, le législateur a le droit d'y mettre des conditions. Il serait impossible de procéder à la liquidation dans des conditions sérieuses, si la propriété des biens à liquider devait demeurer trente ans incertaine. » (Discours de M. Trouillot. rapporteur. Journ. off. Séance 27 mars 1901.)

Cette forclusion rapide a évidemment ce but; il est incontestable qu'il doit être atteint en ce qui concerne les revendications à exercer par des congréganistes ou par des donateurs et des héritiers ou ayants droit de donateurs ou de testateurs. Mais doit-elle atteindre de même les tiers-propriétaires qui, eux aussi, n'ont d'autre voie que la revendication, pour reprendre dans la masse à liquider les biens détenus par la congrégation au moment de la promulgation de la loi ?

Malgré les termes du § 9, on a soutenu que ce texte ne s'appliquerait pas au tiers-propriétaire sous le motif que le législateur n'a entendu viser par ces mots que les actions énumérées par la loi. Or, l'article 18 ne s'occupe en aucun endroit des tiers-propriétaires; « il est impossible, par une seule allusion » indirecte, d'établir un droit nouveau exorbitant » du droit commun et d'abroger les principes de nos » codes qui régissent la propriété [1] ». La forclusion du § 9 demeure ainsi limitée aux actions dont l'article 18 permet l'exercice et l'action des tiers demeure possible durant le délai du droit commun.

Ce raisonnement serait de tous points exact si cette interprétation toute littérale n'était trop étroite. Le législateur a abandonné le droit commun en ce qui concerne les congréganistes et les donateurs, sous l'influence de cette considération de rapidité et de sécurité dans la répartition de l'actif restant après la

---

[1] Hébrard. Du sort des biens d'une association, etc., p. 127.

liquidation. Il a donc entendu réduire dans la même mesure toutes les actions dont l'exercice pourrait retarder cette répartition. Il n'y a aucune raison de traiter, à ce point de vue du moins, les tiers-propriétaires plus favorablement que, par exemple, des héritiers de donateurs ou de testateurs; il est plus probable qu'ils soient demeurés en contact avec la congrégation et que, par conséquent, ils aient connu la publication du jugement nommant le liquidateur plutôt qu'un héritier d'un testateur. Dans ces conditions, retarder l'exercice de leurs actions serait de leur part un pur caprice. Il est donc préférable d'admettre que leurs actions ne seront plus recevables passé ce délai.

Il est cependant un cas où, à notre avis, un tiers peut toujours, quel que soit le temps écoulé depuis le jugement qui a nommé le liquidateur, obtenir indirectement des droits contre la liquidation. Si nous supposons, par exemple, que la congrégation a reçu une libéralité sous le couvert d'une personne interposée autre qu'un congréganiste, un héritier ou un ayant cause d'un donateur ou d'un testateur pourra, avant que la liquidation soit terminée, agir contre cette personne interposée et faire annuler la libéralité sans que la forclusion édictée par le § 9 l'atteigne. Cet héritier se trouvera ainsi avoir acquis des droits contre la liquidation.

La forclusion se justifie, pour les actions qui sont intentées contre le liquidateur, par le texte du § 9; mais seulement pour celles qui sont intentées principalement contre lui; or cette action n'est intentée qu'en second lieu contre lui; elle n'est que la conséquence de la première action formée contre la personne interposée. Et l'héritier ou ayant cause aura ainsi acquis contre la congrégation des droits qu'il pourra exercer tant que la liquidation ne sera pas définitivement clôturée.

III. — Effets de la demande en revendication

Les demandes en revendication formées dans les conditions et dans les délais que nous avons indiqués, si elles satisfont à ces obligations et si, par ailleurs, elles sont justifiées au fond, doivent aboutir à la restitution de l'objet revendiqué. Il faut donc rechercher quels seront les effets des restitutions qui vont être opérées avant d'examiner les questions accessoires qui se rapportent aux demandes en revendication, à la compétence, aux dépens et à la dérogation à l'article 1351 du Code civil que comporte le § 9.

Nous emploierons le même procédé d'exposition dont nous nous sommes déjà servi pour préciser les conditions d'exercice de ces actions, et nous rechercherons quels sont les effets de l'admission de la revendication pour chacun des revendiquants.

1° Donateurs, héritiers ou ayants droit de donateurs ou de testateurs

Si une des personnes de cette première catégorie triomphe dans son action en revendication, il lui sera restitué le bien donné s'il se retrouve en nature, ou son équivalent en argent s'il a été aliéné.

La restitution du bien, qu'il soit meuble ou immeuble, devra être accompagnée d'un règlement de comptes entre le revendiquant et le liquidateur, règlement qui portera sur les fruits perçus et les impenses faites au cours de l'indue possession, ainsi que sur les variations de valeur qu'a pu subir le bien revendiqué.

Le principe qui devra présider à ces règlements de prestations est que le liquidateur ne pourra être considéré que comme un possesseur de mauvaise foi.

En effet, il succède aux obligations de la congrégation, il ne saurait invoquer plus de droit que celle-ci ne lui en a transmis. Or, la congrégation savait assurément, en acceptant, qu'elle bénéficiait d'un acte inexistant. On soutiendrait vainement que « la bonne » foi est toujours présumée et que c'est à celui qui » allègue la mauvaise foi à la prouver ». L'article 2268, qui édicte cette règle, suppose que la bonne foi est fondée sur une erreur de fait, car elle est écrite pour la prescription acquisitive, et, dans cette matière, l'erreur de droit est toujours, et par elle-même, exclusive de la bonne foi. Or, supposer la bonne foi de la congrégation dans un pareil acte, c'est supposer une erreur de droit des plus gros·sières.

D'ailleurs, la présomption que « nul n'est censé » ignorer la loi » est considérée par beaucoup d'au-

13

teurs et par la jurisprudence comme absolue et n'admettant pas la preuve contraire [1].

De plus, en matière de revendications formées contre des congrégations, la Cour de Cassation a déjà admis que la congrégation devait être considérée comme un possesseur de mauvaise foi. (Cass., 19 décembre 1864. Sir. : 65, 1, 18) [2].

Ces principes admis, il faut maintenant rechercher comment ils s'appliqueront au règlement des prestations réciproques que liquidateur et revendiquants se doivent mutuellement, en nous aidant des règles contenues dans les articles 546 et suivants du Code civil, qui déterminent les droits du possesseur de mauvaise foi.

Il paraît nécessaire de distinguer, suivant que la chose revendiquée est frugifère ou qu'elle ne l'est pas, car, dans chacun de ces cas, les prestations varient.

a) Si la chose est frugifère, qu'elle soit meuble ou immeuble, le liquidateur devra rembourser les fruits naturels et civils perçus depuis le jour où a commencé la possession indue [3], et, de plus, les intérêts des fruits depuis le jour de la demande. (Art. 1153 C. civ.)

En ce qui concerne les immeubles, il devra aussi supprimer les plantations et constructions faites au cours de la possession par la congrégation ; et cela

---

[1] Cass., 4 février 1845. S. 45, 1, 220. — Baudry-Lacantinerie et Houques-Fourcade. t. 1, n° 110. — Aubry et Rau, t. 1, p. 52.
[2] Voir aussi Rouen, 25 mai 1865. D. P., 65, 2, 146.
[3] Rouen, 24 mai 1865. D. P., 65, 2, 146.

sur la demande du revendiquant. Si le revendiquant
veut conserver les plantations ou constructions, il
sera tenu de rembourser la valeur des matériaux et
le prix de la main-d'œuvre. (Art. 555 C. civ.)

Le liquidateur pourra aussi réclamer le montant
des impenses que la congrégation aura consacrées aux
biens revendiqués. Conformément aux règles ordinaires, le montant des impenses purement volup-
tuaires ne pourra être réclamé; les impenses utiles ne
donneront lieu qu'au paiement de la plus-value, calculée au jour de la restitution ; quant aux impenses
nécessaires, elles seront remboursées intégralement.

b) Les solutions précédentes s'appliquent aux immeubles et aux meubles frugifères, aux créances
productives d'intérêt, aux titres de rente sur l'État,
aux actions et obligations ; s'appliquent-elles aussi à
la restitution d'une somme d'argent qui n'est pas par
elle-même une chose frugifère ?

Il n'y a aucune raison pour que la solution que la
jurisprudence admet en ce qui concerne les choses
frugifères, c'est-à-dire les choses que leur nature destine à donner des fruits, ne s'applique pas également
aux choses non frugifères, si, en fait, elles en ont
produit. Mais c'est de ce point de fait que doit, dans
cette deuxième hypothèse, dépendre le règlement de
comptes. L'argent n'est pas frugifère par lui-même ;
les fruits qu'il peut rapporter dépendent de l'emploi
que le possesseur en aura fait. C'est pourquoi le possesseur ne doit pas rembourser exactement le montant des intérêts de la somme donnée ou léguée. Il

ne sera pas davantage tenu de rembourser tout ce qu'aurait produit la chose s'il en eût tiré le meilleur parti possible. Il y a des rapports évidents entre la situation de ce possesseur et celle du débiteur qui s'est obligé à livrer une chose (Art. 1137 C. civ.). Comme lui, le possesseur de mauvaise foi n'est tenu de rembourser que les fruits qu'aurait pu retirer de la chose un administrateur ordinaire, et ces fruits pourront ne pas être, en fait, d'une valeur exactement égale au montant des intérêts.

Après avoir admis qu'il y aura lieu, au cas où la revendication a été admise, à restitution de la chose elle-même, ainsi que des intérêts qu'elle a pu produire, on peut se demander s'il y aura jamais lieu à restituer autre chose que la valeur perçue.

Nous n'avons examiné l'extension possible de la restitution qu'en ce qui concerne les revenus normaux de la chose ou de son équivalent, les fruits, les intérêts, les plus-values procurées par le possesseur; mais si la chose donnée ou léguée s'est augmentée par accession, au cours de l'indue possession, non pas de plus-values procurées par le possesseur, mais de produits, de revenus anormaux provenant de circonstances extérieures à la volonté de ce possesseur, le revendiquant aura-t-il droit aussi à la restitution de la chose ou de son équivalent, accrue de ses revenus anormaux ? Si, par exemple, c'est une valeur à lots qui ait fait l'objet du don ou legs et que cette valeur soit sortie à un tirage, le revendiquant a-t-il droit aussi au lot ? ou encore si ce sont des biens immeubles qui ont été donnés ou légués et que, ces biens ayant été vendus, les titres de rentes par lesquels on les a remplacés, représentent, grâce à la hausse des cours au moment de la restitution, une valeur supérieure au prix, retiré de la vente des immeubles donnés ou légués, le revendiquant est-il en droit de réclamer le montant intégral des titres de rentes achetés avec le prix ou seulement leur valeur diminuée de la différence existant entre le prix de vente et leurs cours actuels ?

Il est certain que la donation faite par personne interposée, ou directement, a pour but de gratifier la congrégation et de demeurer affectée au but que la congrégation poursuit. C'est la congrégation ou son but qui sont les véritables bénéficiaires. La condition de la donation est donc que le but continuera à être poursuivi. Il est infiniment probable que telle était l'intention du donateur et, dans notre hypothèse, il est à peu près certain qu'il n'eût pas donné, s'il eût pensé que tout autre que la congrégation puisse pro- fiter en quelque manière de sa libéralité. Mais par suite de la dissolution, de l'incapacité où se trouve la congrégation de continuer son but, cette condition devient impossible et illicite. La jurisprudence, couramment admise, décide que l'article 900, d'après lequel la condition illicite devrait simplement être réputée non écrite, ne s'applique pas et que, cette condition défaillant, lorsqu'elle a été « l'objectif prin- » cipal et la cause impulsive et déterminante de la

» libéralité », il doit s'en suivre la nullité de cette libéralité[1]. On ne comprendrait pas que le donateur ou testateur ait pu avoir une autre intention. Dans la matière dont nous traitons, c'est la congrégation qu'il a entendu gratifier; la congrégation cessant d'exister, c'est aux donateurs et aux héritiers des testateurs que l'objet de la donation doit faire retour.

Il suit de là que le liquidateur devra, comme nous venons de le voir, restituer la chose, les fruits et les intérêts, dans la mesure où les aurait perçus un administrateur ordinaire. Mais en résulte-t-il qu'il doive aussi rembourser ces produits anormaux que la chose a pu produire pendant l'indue possession? Il semblerait, au contraire, que le principe précédemment énoncé doive faire écarter cette solution, car, en somme, ces produits anormaux ne proviennent pas d'une administration ordinaire et moyenne, mais plutôt du hasard. En tout cas, s'il s'agissait de bénéfices extraordinaires réalisés par une administration particulièrement habile, il suit du principe qu'ils ne pourraient être revendiqués, et que ce qui serait dû au revendiquant, ce seraient seulement les fruits pouvant habituellement résulter d'une administration moyennement habile.

Mais ces produits anormaux, dont les exemples classiques sont la portion d'un trésor revenant au propriétaire du sol, les lots gagnés dans une loterie

[1] Cass. 8 avril 1889. D. P. 90, 1, 205. — Cass. 29 juillet 1889. D. P. 90, 1, 205. Paris, 3 janvier 1890. D. P. 90, 2, 215.

ou dans un tirage d'obligations, et dont nous trouvons
un autre exemple dans l'achat de titres de rentes
dont le cours s'est élevé de façon à représenter une
valeur bien supérieure au montant du prix de vente
de biens donnés ou légués à une congrégation dissoute, ces produits anormaux doivent, malgré le
principe que nous avons admis, être restitués au
revendiquant.

En effet, si l'on admet que la libéralité se trouve
frappée de nullité par suite de l'absence de cause
(article 1131, et que, par conséquent, les donateurs
ou les héritiers du testateur se trouvent avoir accompli une prestation qu'ils ne devaient pas et payé
indûment ,articles 1373 et 1378), il s'en suit que
l'accomplissement de cette obligation nulle n'a pu
(l'article 1131 le dit expressément) produire aucun
effet [1]. A plus forte raison n'aura-t-elle pu avoir cet
effet d'enrichir un possesseur que nous avons admis
être de mauvaise foi ; ce possesseur devra donc restituer le gain réalisé par un coup de fortune ou le
trésor trouvé qui ont accru par accession, au bénéfice
du propriétaire, la chose qu'il détenait.

Dans le premier groupe d'hypothèses que nous
avons proposées, la découverte d'un trésor sur les

[1] Les effets de l'action dite *condictio sine causa* sont les mêmes
que ceux de l'action en répétition de l'indu proprement dite, et notamment celui qui a reçu le paiement de mauvaise foi est tenu des intérêts
à dater du jour où il a été effectué. Cass. 3 décembre 1849. S. 50, 1,
380. 19 avril 1852. S. 53, 1, 349. — Angers, 10 décembre 1853. S. 54, 2,
529. — Cass. 5 novembre 1856. S. 56, 1, 916. — Metz. 29 mars 1859.
S. 59, 2, 540.

biens donnés ou légués, le remboursement avec lots ou primes d'une obligation également donnée ou léguée, ces solutions s'appliquent tout naturellement, mais lorsque c'est après une première aliénation de biens donnés ou légués, après une transformation complète que vient à se produire cette augmentation non plus de la chose elle-même, mais de son équivalent, elles deviennent plus difficiles à justifier.

L'idée de subrogation peut-elle autoriser la même solution dans cette deuxième hypothèse?

Avant de répondre directement à cette question, il est nécessaire de préciser encore les éléments qui la constituent. Cette deuxième hypothèse est celle où des biens ayant été légués à un établissement pour pourvoir à son entretien, l'établissement est supprimé et les biens vendus. Si les représentants légaux de l'établissement bénéficiaire de la libéralité ont acheté les titres de rente avec le prix provenant de la vente et que ces titres représentent, au moment de l'action en reprise, grâce aux variations des cours, une valeur supérieure à ce prix, ceux qui ont exercé cette action ont-ils droit à la restitution intégrale des titres, c'est-à-dire doivent-ils bénéficier de la différence entre le montant du prix de vente et la valeur actuelle de ces titres qui lui est supérieure?

La Cour de Dijon, devant laquelle la question s'était posée exactement dans les mêmes termes, a adopté l'affirmative [1]. M. Saleilles, dans une note qui accom-

[1] Dijon, 30 juin 1893. S. : 94, 2, 185.

pagnait cet arrêt, le justifie et, avec la profondeur de vue qui lui est habituelle, le rattache aux décisions de la jurisprudence sur l'article 900. Il est, en effet, admis [1] que l'affectation en matière de donation avec charge doit être considérée comme pouvant être la cause impulsive et déterminante de la donation elle-même. L'arrêt de Dijon, en admettant la restitution intégrale des titres de rente représentant la valeur des biens donnés, admet aussi, implicitement du moins, que la subrogation peut être réelle et non fictive et demeure susceptible, en dehors de tout texte précis, d'interprétation extensive Il peut donc y avoir des universalités qui conserveront le caractère de fongibilité du patrimoine lui-même « formant masse à part et se développant par voie de subrogation », comme en matière de propres, de communauté, de dotalité, de majorats, de substitutions permises. Il faut que l'ensemble, « dans sa valeur » pécuniaire plutôt que dans les individualités qui » le constituent, soit constitué au but que l'on a en » vue, et la seule garantie de cette conservation, c'est » la subrogation ».

En somme (et c'est bien là le fondement de l'ar-rêt, « la volonté individuelle intervient pour fournir » les éléments du patrimoine, elle en dicte les condi-» tions ; mais pour ce qui est de l'affectation, *c'est la* » *loi qui la consacre*, car la fondation se réalise aux

[1] Cass., 8 avril 1889. D. P. : 90, 1, 205. — 29 juillet 1889. D. P. : 1, 205. — Paris, 3 janvier 1890. D. P. : 90, 2, 215.

» mains de ceux que la loi a proposés pour recevoir
» et exécuter des fondations de ce genre, et l'admi-
» nistration intervient en son nom pour l'accepter et
» en garantir l'exécution ».

En effet, dans l'espèce soumise à la Cour de Dijon,
c'était la commune qui, après la laïcisation de l'école
que le testateur avait voulu gratifier, avait, dûment
autorisée, acquis, en remploi des biens vendus, les
titres de rente qu'il s'agissait de restituer. Aussi
l'arrêt décide-t-il que, en ne restituant que le prix
de vente des immeubles, « la commune méconnaî-
» trait l'intention expresse du testateur et retien-
» drait indûment une partie des biens légués,
» représentés non pas par leur prix d'aliénation,
» mais par *les titres régulièrement acquis dans*
» *les conditions stipulées par les arrêtés préfecto-*
» *raux* ».

Ainsi, pour la Cour de Dijon comme pour
M. Saleilles, la volonté individuelle peut créer un
patrimoine d'affectation dont les éléments se déve-
loppent par voie de subrogation ; mais pour justifier
cette interprétation extensive, pour servir de soutien
à la volonté individuelle, « il faut un centre de ratta-
» chement vers lequel tout converge » ; ce centre,
c'est la loi ; et la garantie de la gestion de ce patrimoine, c'est la surveillance de l'Administration. Il est
équitable que l'arrêt de Dijon ait ordonné la restitution des titres eux-mêmes dans toute leur valeur,
parce que ce n'est pas le bénéficiaire de la libéralité
lui-même qui, de son propre mouvement, en a fait

l'acquisition ; c'est l'administration qui la lui a imposée et l'a surveillée.

Or, au point de vue spécial des congrégations dissoutes, il ne peut s'agir évidemment que d'une aliénation des biens donnés que le bénéficiaire de la libéralité, c'est-à-dire la congrégation, a faite spontanément, agissant comme propriétaire. Elle en a couru les chances à elle seule. Si on admet que le possesseur a pu faire courir au patrimoine d'affectation, à la fondation dont il est le gérant, des chances de plus-values, on devrait équitablement admettre que les revendiquants doivent supporter les moins-values résultant de cette gestion, comme ils en reçoivent les plus-values. Ce résultat serait évidemment préjudiciable aux intérêts des tiers que la loi a entendu sauvegarder.

De plus, comme il n'y a pas, dans ce cas, un remploi régulièrement accompli, mais une aliénation spontanée, sans aucun contrôle, par quel moyen retrouverait-on parmi les valeurs appartenant à la liquidation, celles qui proviennent de ce remploi ?

L'idée de subrogation manque, dans notre hypothèse, de son substratum indispensable, la loi, et de sa garantie, la surveillance de l'administration. De plus, il est difficile d'admettre que le bénéficiaire de la libéralité ait fait courir des chances de moins-values à ceux auxquels, la libéralité étant révoquée, les biens doivent faire retour. Enfin, il y aurait des difficultés pratiques insurmontables à retrouver les mêmes deniers *in specie* dans le patrimoine de la liquidation.

Pour ces raisons, dont la portée est surtout pratique, il paraît préférable d'admettre que le revendiquant n'aura droit qu'à la restitution de la chose elle-même, quand elle se retrouvera en nature, et à son équivalent en argent, si elle a été aliénée. Dans les deux cas les fruits et revenus seront aussi restitués dans la mesure que nous avons indiquée.

2° Membres de la Congrégation

Le droit des membres de la congrégation porte de même sur la chose sujette à revendication et sur son équivalent en argent ; et cela qu'il s'agisse de biens donnés ou légués autrement qu'en ligne directe ou de biens acquis à titre onéreux depuis leur entrée en religion.

Cependant, en ce qui concerne cette dernière sorte de biens, la Cour de Besançon a jugé que l'article 18 ne permet la revendication et la reprise que des biens dont il s'occupe dans les paragraphes 5 et 6, et que tout autre bien, par exemple un bien acquis à titre onéreux, existât-il en nature au moment de la dissolution, ne peut être revendiqué par un congréganiste. Ce dernier ne peut que faire valoir ses droits « ultérieurement, sur les prix réalisés [1] ».

Cette opinion isolée ne paraît pas devoir être suivie. Nous avons d'ailleurs admis, au contraire, que comme le fait un tiers-propriétaire, le congréganiste,

[1] C. de Besançon, 15 juillet 1903. Rec. Mén. ; 2, 189.

acquéreur à titre onéreux après son entrée en religion, peut revendiquer le bien ainsi acquis [1].

On a soutenu que la revendication d'un bien acquis
dans de pareilles conditions était impossible, sous
prétexte que ce bien serait tombé, aux termes de l'article 2092 du Code civil, dans le gage général des
créanciers de la congrégation, et que, par conséquent,
le liquidateur pourrait faire vendre ce bien pour en
employer le prix à payer les dettes que l'article 5 du
décret du 16 août 1901 lui donne mission d'acquitter. Mais, comme on l'a fort justement fait remarquer :
« le gage général établi par l'article 2092 du Code
» civil ne constitue pas un droit réel : il ne se main-
» tient qu'autant que le débiteur reste en possession,
» et comme le débiteur conserve la faculté de dispo-
» ser de ses biens, il s'évanouit quant aux objets qui
» ont cessé de faire partie de son patrimoine [2]. » Or,
en l'espèce, le bien qui fait l'objet de la revendication
est déjà sorti, par le dessaisissement, du patrimoine
de la congrégation. Le liquidateur n'a pas mission de
le retenir pour des créanciers qui, d'ailleurs, auraient
déjà pu, par eux-mêmes, spécialiser leur gage ; bien
au contraire, le liquidateur doit, loin de favoriser les
créanciers de la congrégation, s'occuper plus spécialement des ayants droit à l'actif restant et de ceux

---

[1] D'ailleurs cette disposition n'est qu'accessoire dans l'arrêt de Besançon, qui rejette la demande en revendication sous le motif principal que le liquidateur avait, en l'espèce, fait la preuve de l'interposition
de personne.

[2] Trib. de Marseille, 30 juillet 1903. Inédit (cité par M. Curet, p. 124).

auxquels la loi de 1901 donne des droits. Les créanciers chirographaires viendront au moment de la
répartition de l'actif exercer leur droit; mais ce serait
les favoriser que de leur permettre de retenir un bien,
que, seule, une aliénation frauduleuse pouvait faire
tomber sous leur action directe; et ce n'est pas frau-
duleusement que ce bien est sorti du patrimoine de
leur débiteur.

Tout ce que le religieux a apporté en dot à la
congrégation pourra, évidemment, être revendiqué
comme lui appartenant au moment de son entrée en
religion. Les principaux contrats usités sont les
suivants : c'est ordinairement le don d'une somme
capitale et le paiement d'annuités (S. 1860, 1,
57); ou le mandat donné par le nouveau congréganiste au supérieur ou à tout autre membre de la
communauté d'administrer ses biens et de toucher
ses revenus (S. 1852, 1, 33); ou encore le versement
de fonds capitaux ou de revenus dans la caisse commune, avec ou sans acte écrit (S. 58, 2, 135).

Dans tous ces cas, qui comprennent exclusivement
des biens revendiqués comme appartenant au congréganiste au moment de son entrée en religion, ce
dernier reprendra son bien, mais sous certaines
déductions, dont le principe général est que le revendiquant ne saurait s'enrichir injustement aux dépens
de la communauté, représentée par le liquidateur.

En vertu de ce principe, le liquidateur retiendra [1] le montant des dépenses personnelles du religieux [2], des frais et soins qu'il a pu recevoir, et même la valeur des services qu'il devait rendre, et que son état de maladie, par exemple, l'aurait empêché de prester (C. de Paris, 8 mars 1858. S. 58, 2, 145). Il pourra aussi retenir les dépenses de ceux que le congréganiste aurait fait admettre dans le couvent et l'hôpital, sur sa recommandation, les dépenses qu'il a engagé la congrégation à faire et qu'elle n'aurait pas faites livrée à ses seules ressources (C. de Paris, 8 mars 1858, cit., et Toulouse, 4 avril 1857. S. 57, 2, 481). Le revendiquant devra aussi renoncer au bénéfice des stipulations tontinières.

Les solutions seront les mêmes pour les autres biens, que ceux qui appartenaient au congréganiste antérieurement à son entrée dans la congrégation, pour les dons ou legs reçus postérieurement à cette date. Les mêmes compensations pourront être établies entre les sommes que le congréganiste pourra devoir pour ces divers chefs à la congrégation, et le montant de ses reprises, lorsqu'elles seront liquides et exigibles.

Il en sera de même pour les restitutions de fruits et d'intérêts qui seront régies par les règles que nous venons d'examiner à propos des revendications formées par des donateurs ou des héritiers ou ayants cause de donateurs ou de testateurs.

[1] Droit de rétention du liquidateur, p. 114, note 1.
[2] Caen, 19 août 1882. D. 84, 2, 213.

3° Vendeurs

Le vendeur pourra également reprendre la chose vendue en nature ou en argent.

En échange il sera tenu de rendre le prix qu'il a reçu, en vertu de l'enrichissement dont il bénéficierait injustement au détriment de la congrégation. Pour le même motif, il devra aussi restituer les intérêts du prix payé[1] avec compensation possible des impenses et des fruits.

4° Tiers-propriétaires

Si le tiers-revendiquant était propriétaire d'un immeuble où les congréganistes étaient simplement employés, il reprendra son bien.

Si les congréganistes détenaient le bien en vertu d'un bail, le propriétaire pourra en demander la résiliation en vertu de l'article 17 de la loi de 1901[2]. Le bailleur ne saurait être traité autrement que le vendeur, et cette solution rigoureuse est d'ailleurs moins lourde dans ses conséquences pour la première de ces personnes que pour la seconde.

5° Prescription de cinq ans. — Droit de rétention du liquidateur

Le liquidateur pourra-t-il opposer la prescription de cinq ans aux revendiquants qui réclameront les

[1] C. d'Angers, 10 décembre 185?. S. 54, 2, 529.—Cass., 19 avril 1852, S. 53, 1, 149. — Cass. 28 mai 1856. S. 56, 1, 587, et 5 novembre 1856. S. 56, 1, 916.

[2] Cass. 28 janvier 1904. Rec. Pand. Fr. 1904, 1, 337.

intérêts des capitaux qui leur sont dus ? Nous ne pensons pas que la prescription de cinq ans soit applicable à ces intérêts, car l'article 2277 vise les intérêts
convenus fixés par avance et payables à des termes
périodiques; et les intérêts que doit rembourser le
liquidateur sont payables en une seule fois. La jurisprudence interprète l'article 2277 d'une façon restric-
tive, et elle décide notamment que « la prescription
quinquennale ne court point contre le créancier qui
n'est point en faute de n'avoir pas exigé les intérêts ».
(Cass. 11 mars 1896 D. P. 97, 1, 405.) On ne peut,
évidemment, dans notre espèce, considérer comme en
faute, pour n'avoir pas réclamé d'intérêts, un créancier qui avait fait abandon de la chose elle-même.

En ce qui concerne le droit de rétention du liquidateur, nous avons déjà vu [1] qu'il a le droit de surseoir
à la restitution et de retenir l'objet revendiqué jusqu'à
paiement des frais faits pour la conservation de la
chose, et des restitutions que le revendiquant peut
aussi avoir à opérer au bénéfice de la liquidation.

IV. — Dérogation a l'article 1351 (C. civ.).

Le § 9 de l'article 18 contient la disposition suivante : « Les jugements rendus contradictoirement
» avec le liquidateur, et ayant acquis l'autorité de
» la chose jugée, sont opposables à tous les inté-
» ressés. »

[1] Note 1, pag. 114.

Le système qui résulte de ce texte contient une grave dérogation à l'autorité relative de la chose jugée. Il donne une autorité absolue, que doivent respecter tous les intéressés, aux jugements rendus contradictoirement avec le liquidateur, ès qualité, tandis que l'article 1351 limite cette autorité aux parties en cause.

La règle de l'autorité relative n'avait, jusqu'ici, reçu d'échecs qu'en ce qui concerne les jugements rendus sur des actions d'État. La jurisprudence avait restreint au jugement prononçant le divorce, la séparation de corps ou de biens, l'interdiction, la nomination d'un conseil judiciaire, l'annulation d'un mariage, une autorité absolue que l'ancienne jurisprudence avait tenté d'étendre à la plupart des actions d'État, par la théorie du contradicteur légitime.

Dans le texte qui nous occupe, le liquidateur est, vis-à-vis des intéressés, une sorte de contradicteur légitime. C'est la liquidation qui a, comme le disait d'Argentré, définissant la personne chez laquelle se trouve cette qualité « le premier et le principal intérêt ». Il y a, en effet, un intérêt d'ordre public à ce que la dispersion des biens soit opérée irrévocablement, et que les ayants droit à l'actif restant ne voient pas leurs émoluments soumis à de perpétuelles variations. Les intéressés qui se trouvaient auparavant en présence d'un incapable, la congrégation, ont reçu par la loi un contradicteur légal contre lequel ils doivent faire valoir leurs droits dans le

délai des six mois, sous peine de forclusion. Les liquidations en cours, quoique ce délai paraisse trop bref,
n'ont pas encore, depuis 1901, vu jugées la plupart
des actions intentées par elles ou contre elles, ce qui
permet de se rendre compte des longueurs qu'il
aurait fallu subir si le législateur n'avait donné, au
jugement rendu contradictoirement avec le liquidateur, une autorité absolue à l'égard de tout intéressé.

Cette autorité ne s'attache qu'aux jugements contradictoirement rendus avec lui, c'est-à-dire à tout jugement rendu en sa présence, même s'il s'en est rapporté
à justice sans élever aucune prétention contraire aux
demandes formulées.

Le texte impose une autre condition : il faut aussi,
pour que cette autorité absolue s'attache aux jugements rendus dans ces conditions, qu'ils aient acquis
l'autorité de la chose jugée, c'est-à-dire que la voie
de la tierce-opposition qui, de droit commun, reste
ouverte aux tiers-intéressés après l'expiration des
délais d'opposition et d'appel, lorsque le jugement
est définitif, ne sera donc, dans ce cas, ouverte aux
mêmes personnes que jusqu'à l'expiration de ce délai.
Cette disposition est parfaitement logique, et si la loi
ne s'en était pas expliquée nettement, il aurait été
impossible d'interpréter autrement le § 9. Admettre
qu'un tel jugement eût été opposable aux intéressés
avant qu'il ait acquis l'autorité de la chose jugée,
aurait conduit à cette conséquence inadmissible que
ce jugement aurait été ainsi opposable aux simples

intéressés à un moment où il n'était pas encore opposable aux parties en cause.

L'application de la règle déposée dans l'article 18,
§ 9, ne peut soulever aucune difficulté; elle s'applique
sans distinction à tous les jugements rendus dans les
conditions qu'elle impose sans aucune exception Si,
par exemple, un revendiquant a échoué dans son
action contre le liquidateur, ses créanciers ne pourront attaquer le jugement qu'autant que le revendiquant lui-même pouvait encore y faire opposition ou
le frapper d'appel; passé ces délais, il ne serait plus
recevable à employer la tierce opposition, seule voie
qui lui reste ouverte jusqu'alors.

V. — TRIBUNAL COMPÉTENT

Le Tribunal compétent pour connaître de toutes
les actions intentées par ou contre le liquidateur est,
aux termes de la loi du 17 juillet 1903, celui qui
l'a nommé.

Antérieurement à la promulgation de cette loi, les
tribunaux admettaient presque unanimement que,
conformément au droit commun, le tribunal compétent était, en matière de revendication, non celui du
lieu de la liquidation mais celui de la situation des
biens litigieux. La loi de 1903, dans le but de facili-
ter les opérations de la liquidation, est venue centraliser auprès d'un tribunal unique, celui qui a désigné
le liquidateur, toutes les actions qui y sont relatives.

Cette disposition de la loi doit-elle avoir un effet

rétroactif? Les instances commencées devant d'autres tribunaux que le tribunal qui a nommé le liquidateur doivent-elles être interrompues pour être reprises devant le Tribunal aujourd'hui compétent ?

Un premier système, tel qu'il est exprimé dans diverses décisions, admet que, d'après l'article 2 du Code civil, la loi ne dispose que pour l'avenir et que cette règle a uniquement pour effet d'écarter l'application de la loi nouvelle dans les cas où cette application léserait des droits acquis. Or, lorsqu'un procès est encore pendant devant un tribunal, les plaideurs n'ont pas un droit acquis à le faire trancher par cette juridiction plutôt que par une autre. On peut donc admettre, dans l'absence de tous droits acquis, que les lois de procédure et de compétence règlent les contestations antérieures à leur promulgation et même les procès déjà commencés. La juridiction saisie doit donc se dessaisir. Les lois nouvelles sur la procédure ou sur la compétence laissent, dans ce système, en dehors de leur action, les affaires commencées qui auraient subi l'épreuve d'une décision sur le fond au moment de leur promulgation, mais la juridiction saisie qui n'a pas encore statué sur le fond, doit se dessaisir. (Cassation, 25 novembre 1895. S. : 99, 1, 502. — Tunis, 25 décembre 1899. Gaz. trib., 1900, 2, 383.— Lyon, 20 décembre 1895. S, : 96, 2, 52. — Cass. 29 mars 1897. S. : 98, 1, 441.)

D'après un second système, les lois nouvelles sur la compétence attirent à elles les causes qui se rattachent à des faits anciens, lorsque ces faits n'ont pas

encore donné lieu à une action en justice, mais la loi
ancienne reste en vigueur dans le cas inverse. Le
juge conserve la connaissance de l'affaire dont il est
saisi, nonobstant tout changement arrivé dans les
lois relatives à la compétence. L'adage : *ubi est semel
acceptum ibi et finem accipere debet*, s'applique ici
exactement comme si le plaideur avait un droit acquis
à la juridiction du Tribunal auquel il s'est adressé
suivant le droit commun alors en vigueur. (Baudry-
Lacantinerie et Houques-Fourcade, t. 1, n° 176. —
Besançon, 11 mars 1895. S. : 98, 2, 297. — Rioms,
17 juillet 1896. S. : 98, 2, 297. — Constantine.
19 juin 1883. D. P. : 5, 103.)

Ce système admet, cependant, que la nouvelle loi
peut être appliquée aux affaires commencées qui ont
subi, avant qu'elle fût exécutoire, l'épreuve d'une
décision sur le fond, si cette décision avait été frappée
d'appel, et que le juge du second degré n'eût pas
définitivement statué avant la promulgation de la
loi. (Cass., 25 novembre 1895. S : 99, 1, 502.)

Ainsi, dans ce système, la juridiction saisie demeure
valablement saisie, mais si la loi nouvelle intervient
avant que le juge de l'appel ait statué définitivement,
il pourra, dans sa décision, tenir compte de la loi
nouvelle.

C'est ce dernier système qui nous paraît devoir
l'emporter sur le premier, non pas à raison de la
force des arguments juridiques, qui paraît égale de
part et d'autre, mais pour une raison pratique. Les
partisans du premier système se fondent sur l'effet

rétroactif de la loi, qui ne saurait trouver un obstacle
dans le fait que l'instance est déjà engagée, ce fait
ne constituant pas, au bénéfice des plaideurs, un droit
acquis ; les partisans du deuxième système invoquent
l'effet absolu et irrévocable de la saisie du tribunal,
par l'introduction de l'instance qui, sans créer un
véritable droit acquis, constitue un argument particulièrement fort contre le dessaisissement du tribunal
qui était compétent au moment où il a été saisi.
C'est un motif d'ordre pratique qui doit favoriser le
second système, car il a, en effet, l'avantage d'éviter
les difficultés, les lenteurs, et surtout les frais (Cass.,
27 juillet 1825. D. P. 25, 1, 382).

C'est d'ailleurs le système qu'a adopté, en matière
de congrégations dissoutes, la Cour de Rouen dans
un arrêt du 3 novembre 1903 [1], qui, comme l'arrêt de
cassation précité, décide que la Cour, saisie de l'appel
d'un jugement statuant sur la compétence, doit faire
application d'une loi nouvelle qui, depuis la décision
des premiers juges, aurait modifié cette compétence.
La loi du 17 juillet 1903, qui a donné compétence au
Tribunal de la liquidation pour connaître de toute
action formée par le liquidateur ou contre lui, doit,
d'après cet arrêt, être appliquée à une action en revendication formée sous l'empire de la loi de 1901, alors
que le liquidateur a opposé à cette action une exception d'incompétence, et que c'est le jugement rejetant
cette action qui est déféré à la Cour d'appel.

[1] Gaz. Trib., 2, 143, 1904.

Ainsi, le juge est saisi valablement et doit rendre sa décision, s'il était compétent, au moment où il a été saisi ; mais le juge du second degré pourra faire application de la loi nouvelle pour apprécier les exceptions opposées par le liquidateur.

Quelques décisions avaient déjà admis, antérieurement à la loi de 1903, que le Tribunal compétent était celui du lieu où la liquidation s'était ouverte, mais lorsqu'est intervenue cette dernière loi, la solution inverse paraissait avoir triomphé. D'ailleurs, ces décisions isolées ne suffisaient pas à modifier le droit commun, d'après lequel le Tribunal du lieu de la situation des biens litigieux était seul compétent pour connaître des actions formées à leur sujet. On ne peut pas tirer argument de l'existence de ces décisions pour décider que, dès avant la promulgation de la loi nouvelle, les plaideurs devaient accepter cette nouvelle compétence [1].

VI. — Dépens

Les dépens doivent-ils, dans tous les cas, être mis à la charge du liquidateur lorsqu'il succombe dans une instance en revendication ?

[1] Nous devons cependant signaler une décision récente contraire à la théorie que nous venons d'exposer, et qui vient de décider que la loi de 1903, ayant un effet rétroactif, les actions intentées avant sa promulgation ont été mal intentées, et que les revendiquants doivent en supporter les frais, même s'ils ont triomphé. (C. de Paris, 27 janvier 1904. Gaz. Trib., 26 mars 1904.) Nous retrouverons d'ailleurs cette décision à propos des dépens.

Un premier système admet que, lorsque la demande en revendication formée contre le liquidateur est accueillie, les frais ne pourront être laissés à la charge du Trésor, mais doivent être employés comme frais privilégiés de poursuites, mis à la charge de la liquidation et supportés, comme tels, par les biens soumis à l'action du liquidateur. (Trib. Amiens, 5 juillet 1902. Rec. Mén : 1, 50)

Un deuxième système, estimant que l'action en revendication « n'a été qu'une mesure préventive » prise uniquement dans l'intérêt du demandeur », pour lequel le jugement va devenir un titre nouveau, met à la charge de ce dernier les frais du jugement seul, et fait supporter par chacune des parties les frais par elle exposés. (Rodez, 16 mars 1903. Rec. Mén.: 1, 434.)

Il paraît préférable d'adopter un troisième système qui distingue suivant l'attitude que le liquidateur aura prise au cours de l'instance, pour en mettre les frais à sa charge ou à celle du revendiquant.

En effet, le premier système proposé présente l'inconvénient de ne pas permettre cette distinction ; et c'est bien là un inconvénient, car, si le liquidateur, au cours du procès, s'en est rapporté à justice, et qu'il n'ait fait aucun effort pour combattre le droit de son adversaire, il paraît peu équitable de ne pas lui permettre, comme d'autres décisions l'ont admis en pareille hypothèse, d'échapper à une condamnation nécessaire.

Le second système offre l'inconvénient inverse.

Quoiqu'il limite très équitablement les pertes que peuvent faire les parties, il pourra se trouver des cas où cette limitation soit préjudiciable au revendiquant, notamment si le liquidateur a formellement contredit son droit et a consenti ainsi à courir les chances du procès. Si on donnait à ce système une portée générale, le liquidateur n'aurait aucun intérêt à ne pas contredire toujours et par principe (ses risques étant limités d'avance) les actions en revendication, même les plus sérieusement fondées.

Dans le système que nous proposons, si le liquidateur, prenant une part active au débat, a nié le droit du revendiquant et qu'il ait employé des moyens de défense, il a clairement manifesté l'intention de soutenir le droit de la liquidation sur les biens litigieux, et par conséquent, maintenant une position qui pouvait lui devenir favorable, il s'est exposé au sort du procès et à toutes ses conséquences ; il pourra donc, dans ce cas, être condamné aux dépens.

D'autre part, la loi n'a pas donné au liquidateur le pouvoir de faire de son propre mouvement, sans aucune décision de justice, l'abandon des biens sujets à être revendiqués dans les conditions de l'article 18. Nous avons même vu qu'il ne rentre pas dans ses attributions de consentir une transaction. Puisqu'il n'a pas le pouvoir de faire cet abandon, le seul moyen est, pour le revendiquant (le liquidateur fût-il, d'ailleurs, disposé à reconnaître son droit) d'agir en justice dans les délais. La seule voie qui lui soit ouverte est cette action en justice, et, si au cours de l'instance inévitable qu'il a engagée, son adversaire, le liquidateur, n'a élevé aucune prétention contre son droit, s'il s'en est rapporté à justice, il paraît équitable de laisser supporter les frais de l'instance par le revendiquant auquel ce jugement va constituer un titre [1].

Il est très généralement admis que l'article 130 du Code de procédure est mis en échec lorsque les frais ont été faits dans l'intérêt exclusif de la partie qui a triomphé et qu'il était impossible de les éviter ; c'est le cas du liquidateur qui s'en est rapporté à justice.

On objecte cependant [2] que, même dans ce cas, les frais doivent être mis, par application de l'article 1248 du Code civil, à la charge du liquidateur qui a été condamné à restituer, comme constituant des frais de paiement. Quelque ingénieuse que soit cette opinion, elle ne nous paraît pas devoir être admise, car l'article 1248 ne comprend pas tous les frais faits à l'occasion du paiement, mais reste limité aux frais relatifs à la chose due, frais d'enlèvement et de restitution, et aux frais de la quittance, qui constate la libération du débiteur. Il ne peut s'appliquer aux frais nécessités par la loi seule, et non par la

---

[1] Trib. de Belfort, 31 juillet 1902. Mén : 1, 192. — Trib. d'Auxerre, 14 janvier 1903. Mén. : 1, 360. — Trib. d'Auxerre, 14 janvier 1903, 1, 361. — En sens contraire : Trib d'Amiens, 7 mai 1903, 2, 50. — C. de Lyon, 3 mai 1904. Gaz. Trib., 1904, 2, 7, — C. de Rennes, 31 mai 1904. Gaz. des Trib., 1904, 2, 153. Gaz. du Pal., 1904, 2, 740.

[2] M. Curet. Liquidation, p. 132.

mauvaise volonté du débiteur, pour établir la reconnaissance du droit des créanciers. La loi a voulu que ce dernier se procurât ce titre par une reconnaissance de son droit en justice et, s'il n'a rencontré aucune contradiction de la part du liquidateur, il n'y a aucune raison pour mettre à la charge de la liquidation des frais qui ont été exposés par contrainte et sans chance de gain. D'autre part, ce jugement ne constate pas la libération du débiteur ; au contraire, il rend la liquidation débitrice. L'article 1248 est relatif aux frais de paiement : il laisse les principes généraux s'appliquer aux frais de poursuites, et l'un des principes admis par la jurisprudence en cette matière permet de mettre à la charge de la partie qui a triomphé des frais faits dans son intérêt exclusif. (Art. 471, C. civ.)

APPENDICE

CONGRÉGATIONS AYANT LEUR SIÈGE A L'ÉTRANGER

Des établissements situés en France peuvent dépendre d'une congrégation ayant son siège à l'étranger. Ces établissements, s'ils ne sont pas autorisés, seront dissous. La circulaire du garde des sceaux du 24 septembre 1901 prévoit le cas où la congrégation étrangère, croyant avoir des droits à faire valoir, intentera une instance contre la liquidation. Le tribunal qui a nommé le liquidateur des établissements

visés « dira si cette action est recevable ou fondée [1]. »

En dehors des règles ordinaires, qui gouverneront
cette action en revendication, il se pose, au sujet de
ces congrégations étrangères, une question plus spéciale.

En effet, nous venons de voir que la circulaire du
garde des sceaux du 23 septembre 1901 admet que
la congrégation pourra faire valoir ses droits auprès
du tribunal où seront liquidés les biens qu'elle peut
posséder en France. Son action sera donc admise,
mais dans quelles conditions sera-t-elle considérée
comme « recevable et fondée? » Suffira-t-il que la
congrégation étrangère justifie que c'est bien d'elle
que relèvent les établissements liquidés en France,
ou faudra-t-il qu'elle jouisse dans le pays où elle a
son siège de la capacité civile?

Des termes de la circulaire du 23 septembre, il
résulte que les juges auxquels cette action sera soumise pourront la rejeter comme irrecevable, c'est-à-
dire ne pas en admettre la discussion au fond ou,
après l'avoir admise, la rejeter comme mal fondée.
Ils ne pourront prendre indifféremment un de ces
deux partis, et nous pensons que l'action de la congrégation étrangère ne pourra jamais être déclarée
recevable. Lorsqu'elle aura prouvé que c'est de sa
direction que relèvent les établissements liquidés, et
que dans le pays où elle a son siège, elle jouit de la

[1] Circulaire du 24 septembre 1901.

capacité, elle se heurtera encore à cet argument : que, puisque les établissements qui dépendent d'elle n'ont pas été approuvés, c'est que la loi française ne lui reconnaît aucune capacité.

A ce raisonnement, on objecte que les personnes civiles et fictives sont assimilées aux personnes physiques en ce qui concerne leur capacité, que les lois concernant l'état et la capacité des personnes régissent les citoyens d'un pays à l'étranger, et que, par conséquent, la congrégation étrangère qui produit la preuve de sa capacité civile dans son pays d'origine doit être déclarée recevable dans son action.

L'assimilation des personnes fictives aux personnes physiques est, assurément, très légitime. Il faut, pour la contester, établir une distinction subtile entre les personnes morales *nécessaires*, l'Etat, les communes, etc., et celles qui ne seraient qu'*accidentelles* [1], les associations civiles et religieuses, distinction qui ne peut avoir aucune portée sur la territorialité des lois qui régissent les uns et les autres. Mais, même cette assimilation admise, le principe de la réciprocité n'est pas absolu. Si l'on s'accorde à reconnaître que, par une courtoisie nécessaire, l'Etat, dont la loi suit ses nationaux à l'étranger, doit laisser les lois étrangères suivre leurs ressortissants sur son territoire, on admet aussi que l'étranger ne pourra jamais réclamer en France l'application de sa loi nationale

[1] Aug. Orts : Capacité des congrégations, p. 204.

quand ses dispositions seront contraires à l'ordre public national. Cette exception est solidement fondée sur la souveraineté de l'État et sur le droit qu'il a de faire respecter chez lui les principes qu'il considère comme essentiels à une bonne administration et à son existence même [1].

Or, une mesure aussi grave que la dissolution est prise dans un intérêt d'ordre public national. La demande en revendication, formée par une congrégation française, ne saurait aboutir, si elle n'était autorisée en France; de même la demande d'une congrégation étrangère ayant des établissements en France ne saurait également aboutir que si elle était autorisée, et puisque, par hypothèse, les établissements qu'elle possède en France sont dissous et liquidés, elle ne jouit d'aucune autorisation. La demande devra donc être rejetée comme irrecevable [2]. Il importe peu qu'elle soit autorisée à l'étranger ou qu'elle ne le soit pas, du moment qu'elle ne l'est pas en France, alors que la loi française fait de la nécessité de l'autorisation une prescription d'ordre public. Admettre, pour cette congrégation, la faculté d'ester en justice, ce serait lui reconnaître un

[1] Weiss. Tr. élem. p. 436 et 497. Despagnet, n° 321. — Cass., 25 mai 1868. S. 68, 1, 365. Bruxelles, 17 avril 1889. S. 90, 4, 6. — Aix, 27 mars 1890, et Cass., 25 octobre 1892. S. 93, 1, 505.

[2] Bruxelles, 8 août 1853 : Belgique judiciaire : X. p. 1297. « Bien que la société de Jésus puisse avoir une existence légale en d'autres pays et y constituer une société civile, elle n'a nullement ce caractère en Belgique, n'y ayant pas été reconnue telle par l'autorité, conformément aux lois de ce pays ». (Cité par Orts, p. 202.)

commencement de capacité et mettre à néant les lois nationales. Les congrégations dissoutes et non autorisées n'auraient qu'à s'établir dans une nation dont la loi leur donne la capacité civile pour en jouir en France au mépris des lois.

Ces observations ne concernent que la congrégation elle-même. Quant aux congréganistes étrangers, ils pourront, évidemment, faire valoir les droits que la loi française accorde à tous les membres de la congrégation, revendication, reprises et allocations. L'exercice de ces droits n'est pas incompatible avec l'ordre public national

TITRE QUATRIÈME

RÉALISATION ET RÉPARTITION DE L'ACTIF

I. — Paiement du passif. — Réalisation de l'actif

L'action du liquidateur, qui tend à faire rentrer dans la masse à liquider tous les biens présumés appartenir à la congrégation, a abouti à constituer l'actif brut. L'action inverse des tiers ou des associés, qui tend à soustraire à la masse à liquider tous les biens sur lesquels ils peuvent avoir des droits, par l'exercice des actions en revendication et en reprise que nous venons de déterminer, a eu pour résultat d'aider à la constitution de l'actif net ; mais cet actif net ne sera définitivement constitué que lorsque l'actif brut sera complètement dégagé des charges qui le grèvent.

Parmi ces charges, nous relevons :

1º Les dettes de la congrégation, que, comme nous l'avons vu, le liquidateur peut, en vertu de l'article 5 du décret du 16 août 1901, payer lorsqu'il les reconnaît et lorsque la Caisse des dépôts et consignations a des fonds disponibles. Si les fonds, provenant des revenus des biens dont il a l'administration ou des ventes déjà faites suffisent à acquitter ces charges, il pourra se libérer immédiatement; si les fonds disponibles sont insuffisants, il faudra que les créanciers attendent les réalisations ultérieures ;

2° Les reprises en valeur que la loi accorde aux revendiquants au cas où l'objet de leur action en revendication ne se retrouve plus en nature dans la masse à liquider.

Un second groupe de charges présente un caractère particulier; ce sont :

1° Les frais faits à l'occasion de la liquidation : frais des instances dans lesquelles le liquidateur aurait été condamné ; frais d'entretien, de conservation et d'administration des biens pris en possession, et honoraires du liquidateur; avances faites par le Trésor public aux termes de l'article 4 du décret du 16 août 1901. pour subvenir aux frais « du jugement » nommant le liquidateur, de l'insertion de ce juge- » ment dans les journaux, d'apposition de scellés ».

2° Les sommes nécessaires à l'entretien des indigents hospitalisés dans des immeubles qui ne peuvent être vendus.

Ces dettes de la liquidation sont privilégiées; les premières en vertu du droit commun, les secondes en vertu de l'article 18, § 12.

Or, l'article 5 du décret du 16 août 1901 dispose ainsi : « Le liquidateur dépose à la Caisse des dépôts » et consignations le produit des ventes au fur et à » mesure de leur réalisation. Il prélève sur les fonds » déposés les sommes nécessaires pour payer les » dettes et pourvoir aux frais de la liquidation ».

Le liquidateur ne pourra cependant pas payer indifféremment les dettes et ces frais privilégiés. Il ne
sera que prudent de sa part de ne payer que les frais
privilégiés avant que l'actif net soit établi définitivement, car, si à ce moment l'actif restant est insuffisant (comme il se produira peut-être plus souvent
qu'il ne semble) à désintéresser les créanciers non
privilégiés, créanciers de la congrégation et revendiquants qui ont à exercer des reprises en valeur, il
y aura lieu à une distribution au marc le franc entre
ces créanciers. En ce qui concerne les paiements faits
intégralement avant cette distribution, à des créanciers non privilégiés, le liquidateur sera responsable,
vis-à-vis de la masse, du montant de ce qu'il a payé
indûment à ces créanciers, c'est à-dire de tout ce
que ces créanciers ont touché et qu'ils n'auraient pas
touché s'ils fussent venus, comme ils le devaient, au
marc le franc avec les autres créanciers non privilégiés. Dans le même ordre d'idées, il sera également
prudent de la part du liquidateur, dans certains cas,
de ne désintéresser intégralement des créanciers,
même privilégiés, que lorsqu'il sera assuré de pouvoir désintéresser de même tous ces derniers; car si
l'actif était insuffisant, il pourrait aussi y avoir lieu
entre eux à une distribution au marc le franc.

Néanmoins (art. 5, déc 16 août 1901), « la Caisse
» des dépôts et consignations est valablement libérée
» par les paiements qu'elle fait avec le consentement
» du liquidateur », sauf en ce qui concerne les honoraires de ce dernier, qu'elle ne peut solder que sur

une décision judiciaire. Le liquidateur devra donc
présenter au président du Tribunal un rôle de ses
émoluments qui ne sera exécutoire, pour la Caisse
des dépôts et consignations, que lorsqu'il aura été
ordonnancé.

Le liquidateur pourra donc, sous les réserves que
nous venons d'examiner, acquitter ces diverses charges à mesure qu'il aura des fonds disponibles provenant des produits de son administration, des sommes
trouvées dans le patrimoine de la congrégation, des
prix des ventes des biens de la congrégation qu'il
aura vendus, soit que ces biens soient demeurés dans
son patrimoine, soit qu'il les y ait fait rentrer depuis
une liquidation amiable. Nous avons vu qu'il n'est
pas indispensable qu'il vende tous les immeubles en
bloc et qu'il pourra réaliser les ventes au fur et à
mesure que les biens qu'il a pris en possession sont,
soit par l'expiration du délai de six mois sans qu'aucune revendication se soit produite, soit par l'échec
des actions intentées, définitivement acquis à la
congrégation. Ces diverses charges pourront donc
être acquittées avant la clôture de la liquidation.

Il est une autre charge de la liquidation qui devra
être payée immédiatement : ce sont les allocations
provisionnelles auxquelles ont droit les membres de
la congrégation. Comme nous le verrons plus loin,
ces derniers ont droit à des allocations viagères dont
le montant est déterminé par la loi ; mais ce montant
ne sera connu qu'au moment où on connaîtra aussi
l'actif net ; il faut donc que, au cours de la liquida-

tion, après la dispersion de la congrégation, l'existence matérielle des congréganistes qui se trouvent sans ressources soit assurée ; elle le sera au moyen d'une provision. Cette provision sera calculée sur le montant de l'allocation définitive à laquelle aura droit le congréganiste qui l'aura demandée, et si l'actif net ne suffit pas plus tard à maintenir le taux de ces pensions, l'article 9 du décret prévoit le mode de réduction. Nous verrons aussi, en traitant de ces allocations, quel est le mode de calcul employé. En tout cas, le liquidateur ne peut les accorder de son propre mouvement ; c'est le ministre de l'intérieur seul, qui, sur avis de la section des Finances du Conseil d'Etat, peut donner l'avis favorable qui permettra, non pas au liquidateur, mais à la Caisse des dépôts et consignations, de payer les allocations tant provisionnelles que définitives. (Art. 7 et 10 du décret du 16 août 1901.)

Telles sont les charges qui grèvent l'actif brut et les procédés que le liquidateur peut employer pour en libérer la liquidation. Une fois ces charges acquittées et l'actif réalisé, le montant des sommes restantes composera l'actif net.

Il importe de remarquer que ces deux opérations, l'acquittement des charges et la réalisation de l'actif, sont concomitantes. En effet, la loi n'assigne pas de date fixe à l'une ni à l'autre, ni aucune antériorité. Les charges sont acquittées par le liquidateur au moment où il trouve à la Caisse des dépôts et consignations des sommes disponibles, sous les réserves que nous avons indiquées, et il peut procéder à la vente d'un bien dès qu'il est définitivement acquis à la liquidation, sous cette réserve qu'il sera d'une meilleure administration de ne faire les ventes qu'en bloc pour éviter des frais de jugements et des frais de publicité.

Mais il est clair que, suivant les cas, ces opérations pourront être terminées l'une avant l'autre, l'acquittement des charges avant la réalisation, et inversement. Il n'y avait donc, de même, aucune nécessité logique de placer l'une avant l'autre dans cette étude.

Pour réaliser en argent la masse à liquider, le liquidateur procédera aux ventes que l'article 18, § 10, ordonne pour les immeubles. Il est évident que, pour les meubles, il devra employer le même procédé.

Il ne pourra vendre meubles et immeubles qu'après l'expiration du délai de six mois, sans qu'aucune action ait été formée contre lui, ou lorsque les actions formées dans ce délai auront échoué (sauf pour les meubles dispendieux à conserver et sujets à dépérissement qu'il pourra se faire autoriser à vendre).

Les ventes de meubles auront lieu aux enchères publiques dans les formes prévues par les articles 617 et suivants du Code de procédure civile.

Le tribunal compétent pour faire procéder à ces ventes est le tribunal de la liquidation. C'est à ce tribunal que le liquidateur devra présenter requête, même si les immeubles à vendre sont situés dans divers arrondissements. Ce tribunal pourra renvoyer la vente devant un des juges à l'audience des criées, ou commettre un notaire dans chacun des arrondissements, ou encore donner commission rogatoire à chacun des tribunaux des arrondissements où les biens sont situés. (Art. 950, Code de procédure civile.)

La loi du 17 juillet 1903 prévoit les formes dans lesquelles devront être faites les ventes d'immeubles. Cette loi a choisi la forme des ventes de biens de mineurs comme la plus rapide et la plus économique. Cette procédure devra être suivie telle qu'elle est réglée par les articles 953 et suivants du Code de procédure civile.

Néanmoins, les dispositions de ces articles ne seront pas toujours applicables, notamment en ce qui concerne l'avis de parents et l'homologation de l'avis du conseil de famille par le Tribunal.

Le prix des ventes réalisées sera versé à la Caisse des dépôts et consignations.

Les immeubles affectés à une œuvre de bienfaisance ne pourront, comme nous l'avons vu, être vendus (art. 18, § 10). S'ils n'ont pas été revendiqués sous les conditions prévues par le § 8, et que ces conditions cessent d'être remplies, ils feront retour à l'Etat qui, comme il le fait généralement en pareil cas, les attribuera à un autre établissement charitable de même nature, soit à la commune, soit au département, avec mission de continuer la destination que le testateur a désirée.

La mission du liquidateur, après le paiement des charges et ce dernier versement, sera terminée.

Il n'aura plus alors qu'à faire homologuer ses comptes par le Tribunal qui l'a nommé. Une fois cette homologation obtenue, l'article 18 du décret du 16 août 1901 lui prescrit d'adresser « au ministre de » l'intérieur et au ministre des finances la copie de » ses comptes et l'extrait du jugement qui les homo- » logue ».

II. — Répartition de l'actif

Au point où nous en sommes arrivé, la liquidation est sur le point d'être terminée ; elle le sera définitivement après l'apuration des comptes que le liquidateur a adressés, après leur homologation, au ministre de l'intérieur et au ministre des finances. Les sommes qui, à ce moment, restent déposées à la Caisse des dépôts et consignations constituent l'actif net, libre de toutes les charges qui grevaient antérieurement l'actif brut.

Quel sera le sort de cet actif restant ? Comment se réglera sa répartition, dernier acte de la liquidation qui consommera la dispersion des biens jadis détenus par la congrégation ? Telle est la question à laquelle nous avons maintenant à répondre.

L'article 18, § 13, est conçu dans ces termes :

« S'il n'y a pas de contestation ou lorsque toutes » les actions formées dans le délai prescrit auront

» été jugées, l'actif net est réparti entre les ayants
» droit. »

Il résulte de ce texte que cet actif net, qui ne
reçoit de la loi aucune affectation spéciale et nettement déterminée, s'il ne se produit aucune contestation dans son établissement, ou s'il s'est produit des
contestations, lorsqu'elles seront définitivement
jugées, doit être réparti entre les *ayants droit*.

L'interprétation de ce terme est assurément le
point de la loi de 1901 qui doit soulever les controverses les plus passionnées. Au cours des débats parlementaires déjà, c'est sur ce point spécial que le gouvernement a rencontré, dans le vote de la loi, les
résistances les plus opiniâtres; et dans l'avenir, lorsque les liquidations une fois clôturées, il s'agira de
répartir suivant la formule du § 13, l'actif restant, ces
controverses se présenteront devant les tribunaux
avec la même vigueur, puisque cette formule a été
intentionnellement adoptée par le législateur de 1901,
pour rouvrir une seconde fois le débat.

Mais avant de rechercher comment les principes
peuvent s'appliquer à cette situation et quelles sont
les conclusions qu'on en pourra déduire, il nous
paraît utile à la clarté de la discussion de préciser
dans quelles conditions de fait les principes auront à
s'appliquer.

Nous nous trouvons en présence d'une liquidation
clôturée définitivement par l'homologation et l'apuration des comptes du liquidateur. La procédure
antérieure est désormais inattaquable, les décisions

intervenues sont devenues définitives, et la consis
tance de l'actif net est irrévocablement établie. Sous
la surveillance du ministère public, les sommes reti-
rées par le liquidateur de la réalisation de l'actif brut
ont été versées à la Caisse des dépôts et consignations, qui en demeure dépositaire. Il s'agit uniquement
de procéder à la distribution des deniers déposés.
Cette répartition ne pourra avoir lieu que selon la
procédure des distributions par contribution de
deniers provenant d'une succession vacante, ou de la
vente de biens provenant également d'une succession
vacante. Il n'y a pas d'autre manière de répartir cet
actif restant. Il faudra que chacun de ceux qui croient
avoir des droits à faire valoir sur les sommes déposées agisse comme doit agir un créancier de la suc ·
cession vacante ou toute personne qui prétend avoir
des droits sur cette succession.

Cependant, avant d'entrer dans le détail de cette
procédure et de rechercher comment le débat se
posera devant les tribunaux, il faut éliminer une
catégorie d'ayants droit dont le titre n'est pas douteux,
mais qui devront procéder de tout autre manière pour
se faire attribuer les allocations auxquelles ils ont
droit sur l'actif; ces ayants droit sont les congréganistes. Le décret du 16 août 1901 règle la procédure qu'ils ont à suivre. C'est cette procédure que
nous devons étudier tout d'abord; nous verrons
ensuite suivant quelles règles et entre quelles personnes devra être réparti l'actif restant, après qu'ils
auront reçu leurs allocations.

A. *Allocations aux congréganistes*. — Il est certain
que les congréganistes ont, dans un grand nombre
de cas, contribué par leur intervention personnelle
à l'acquisition des biens liquidés. Le patrimoine des
congrégations n'est pas composé exclusivement de
libéralités et d'aumônes ; trappistes et charteux ont
considérablement augmenté, par l'exploitation agri-
cole ou industrielle, les premiers fonds qui constituaient la fortune de leur ordre et quoique ce soit
sans esprit de lucre, sans espoir de partager des
bénéfices, que leurs membres ont travaillé à cet
accroissement, il n'en est pas moins vrai que ces
membres ont consacré une partie de leur existence
à un travail qui aurait pu, accompli dans d'autres
conditions, leur assurer des ressources et dont les
résultats se trouveraient perdus pour eux par la dissolution de la congrégation, si le législateur de 1901
ne leur avait accordé, dans la mesure que nous verrons, sinon l'intégralité du produit de ce travail, au
moins « ce qu'ils auraient pu économiser en vivant
» hors de la congrégation, dans les conditions de
» tout travailleur libre ».

Quant aux ordres purement contemplatifs, leurs
membres auraient été réduits à la misère la plus
profonde si, arrachés à leur couvent et jetés, sans
aucune préparation, au milieu des nécessités et des
rigueurs de la vie active, le législateur ne leur avait
assuré les moyens de satisfaire leurs besoins essentiels.

Ces considérations d'humanité et d'équité justifient amplement ces mesures, acceptées par le Parlement en conformité de l'amendement présenté au Sénat par M. Trarieux [1].

Les seules conditions d'obtention de ces allocations sont que le congréganiste qui les réclame soit « dépourvu de moyens suffisants d'existence » ou « qu'il ait contribué par son travail » à l'acquisition des deniers à distribuer. La réunion de ces deux conditions est une cause d'augmentation du montant de l'allocation, mais une seule suffit à la faire obtenir. Il est à remarquer que dans le second cas, celui du congréganiste à qui une pension est allouée sous le motif qu'il a contribué par son travail à l'acquisition « des valeurs mises en distribution », nous nous trouvons en présence d'une véritable reprise, limitée par la loi à un minimum.

La procédure à suivre est la suivante : tout congréganiste qui veut obtenir une allocation doit former une demande dans le délai de six mois « à dater de la publication du jugement nommant le liquidateur [2].

[1] Sénat. Séance du 22 juin 1901. Le texte proposé par la commission du Sénat laissait au gouvernement la faculté d'accorder ou de refuser ces pensions.

[2] On a fait remarquer (Hébrard : Liquidation des biens d'une association dissoute, p. 129) que les actions à intenter dans le délai de six mois sont contradictoires. Le religieux devra intenter, en effet, dans ce délai : l'action en revendication ou en reprise de l'article 18, et une demande en allocation qui ne peut lui être accordée que s'il n'a aucun droit à l'actif (art. 6, décret 16 août). Mais sa demande en allocation n'est formée que subsidiairement, de sorte que, si sa demande en reprise est accueillie, il n'aura plus droit à l'allocation

» Cette demande est rédigée sur timbre, sous forme de requête adressée au ministre de l'intérieur. Elle contient l'exposé des faits qui la motivent, l'indication des nom, prénoms et domicile de l'intéressé. Elle est revêtue de la signature légalisée et déposée par lui ou son mandataire à la préfecture du département où est situé l'établissement congréganiste dont il faisait partie. Elle peut être accompagnée de pièces justificatives. »

Il en est donné récépissé daté et signé, avec indication, s'il y a lieu, des pièces jointes. »

» Toute requête qui ne sera pas présentée dans les conditions sus-indiquées ne sera pas recevable.

» Le préfet demande successivement à l'évêque, au directeur des domaines et au liquidateur, leurs

définitive à la fin de la liquidation. De plus, sa demande en allocation peut être fondée sur le fait qu'il a contribué à l'acquisition des deniers.

On objecte aussi (*op. cit..* p. 165) que le point de départ de ce délai fort court « est mal choisi, puisqu'à son expiration il est fort possible que la liquidation ne soit pas commencée; ce sera même fréquent en raison des actions en revendications ou en reprise ». Tout au moins les actions en attribution d'actif ne seront pas jugées. Il est étrange, dit-on, d'obliger les congréganistes à former une demande en allocation, alors qu'ils espèrent avoir beaucoup plus et venir dans l'attribution même de l'actif.

En effet, il serait étrange de contraindre les congréganistes à demander, dans le délai de six mois, une allocation minime, s'ils étaient certains de se partager l'actif. Mais c'est une pétition de principe, car rien n'est moins sûr qu'ils puissent procéder à ce partage. Bien au contraire, notre opinion, que nous nous proposons d'établir, est que leur demande en allocation constitue une véritable reprise et qu'en la formant, ils ont épuisé leur droit et n'ont plus rien à réclamer.

avis respectifs. Il les joint à la requête et à ses annexes, il transmet le tout au vice-président du Conseil de préfecture ; ce magistrat examine la régularité de l'instruction, la valeur des pièces produites, provoque, au besoin, un complément d'information et formule, s'il y a lieu, ses propositions quant à la quotité de l'allocation.

» Les attributions conférées par le présent article au préfet et au vice-président du Conseil de préfecture sont exercées, à Paris, par le préfet de la Seine et par un membre du Conseil de préfecture.

« Le dossier ainsi constitué est transmis par le préfet, avec son avis, au ministre de l'intérieur.

» Lorsque toutes les demandes formées par les membres d'une même congrégation sont instruites, ce ministre les soumet, avec l'avis du ministre des finances, à l'examen de la section des finances du Conseil d'État.

» Sur le vu de l'avis de la section, le ministre arrête la somme maximum pouvant être attribuée à chaque congréganiste.

» Dans le cas où les ressources de la liquidation ne permettraient pas le payement intégral de toutes ces allocations, le ministre répartit le montant des fonds disponibles entre les intéressés au prorata des sommes portées sur l'arrêté.

» Cette répartition ne devient définitive qu'après avoir reçu l'approbation du ministre des finances.

» Le ministre de l'intérieur notifie à chaque intéressé :

» 1° Le montant de la somme qui lui est attribuée à titre d'allocation ;

» 2° Le montant de celle qui lui est attribuée à titre de provision ;

» 3° Le mode de règlement, soit en capital, soit en rente viagère.

» Il lui délivre sur la Caisse des dépôts et consignations, soit un mandat de payement, si l'allocation doit être versée en espèces, soit un mandat d'emploi si elle doit être convertie en rente viagère conformément à la dernière disposition de l'article 6 du présent règlement.

» L'un et l'autre de ces mandats sont contresignés par le ministre des finances.

» Les décisions ministérielles prises par application des dispositions contenues dans le présent chapitre ne peuvent être attaquées que pour excès de pouvoir.

» Le montant de ces allocations est ainsi déterminé par la loi : dans le premier cas, si le membre de la congrégation est dépourvu de moyens suffisants d'existence, l'allocation est égale au capital qu'il serait nécessaire d'aliéner, d'après les tarifs de la Caisse Nationale des retraites pour la vieillesse, en vue de constituer à son profit une rente annuelle et viagère, calculée d'après ses besoins alimentaires, en tenant compte de son âge, de son état de santé et de ses ressources personnelles, et sans que la quotité de cette rente puisse excéder 1,200 francs par an. » (Art. 6. Déc. 16 août 1901.)

S'il a contribué, par son travail, à l'acquisition des valeurs mises en distributions, l'allocation est égale à la somme qu'il aurait pu économiser en vivant hors de la congrégation dans les conditions de tout travailleur libre, sans que l'évaluation de ce pécule puisse excéder 1,200 francs par an et donner lieu à aucun rappel d'intérêts. Cette dernière prescription était nécessaire, puisque c'est, comme nous l'avons annoncé plus haut, une véritable reprise que cette allocation viagère. Le texte du décret déroge au principe que nous avons rencontré en traitant des reprises, d'après lequel les fruits et les intérêts doivent être restitués. Dans cette reprise, versée en espèces ou convertie en rente viagère, les congréganistes ne pourront former aucune demande d'intérêts.

Si le congréganiste réunit les deux conditions exigées dans l'article 18, §14, et reproduites dans l'article 6 du décret du 16 août, l'allocation sera calculée sur la base la plus favorable au congréganiste et le maximum en sera élevé d'un tiers. En somme, le maximum que pourra donner ce dernier mode de calcul sera donc de 1,600 francs de rente annuelle et viagère.

Cette allocation prendra toujours la forme de rente viagère annuelle servie par une compagnie d'assurance désignée par l'intéressé. La conversion de l'allocation en rente sera faite par les soins de la Caisse des dépôts et consignations. Il n'en sera autrement que, au cas où des circonstances exceptionnelles, par exemple le besoin immédiat d'une somme

par le congréganiste, pourraient permettre une allocation en espèces.

Dans ces divers cas, le payement sera effectué
par la Caisse des dépôts et consignations, soit sur un
mandat de payement délivré par le ministre, si l'allocation doit être versée en espèces, soit sur un mandat
d'emploi si elle doit être convertie en rente viagère.

Ces allocations ont été allouées par provision aux
congréganistes dès le début de la liquidation. Le liquidateur, en effet, conformément à l'article 3 du décret
du 16 août, a, dans la quinzaine de son entrée en
fonctions, remis au procureur de la République un
mémoire ou compte sommaire de l'actif et du passif
de la congrégation dissoute C'est sur les bases de ce
compte, d'où l'on peut déduire approximativement
l'actif net qui pourra rester après la liquidation, que
les allocations provisionnelles sont calculées. Si l'actif
restant, lorsqu'il sera définitivement fixé, permet de
les maintenir, elles le seront ; sinon le ministre
répartit le montant de fonds disponibles entre les
intéressés au prorata des sommes qui leur sont
dues en vertu de l'arrêt pris par le ministre de l'intérieur, avec l'avis conforme de la section des finances du Conseil d'Etat et l'approbation du ministre
des finances.

Les décisions ministérielles prises par application
des dispositions du décret du 16 août ne peuvent être
attaquées que pour excès de pouvoir, c'est-à-dire pour
violation de la loi ou pour vice de forme. Le motif de
cette règle, qui retire tout recours aux congréganistes

pour fausse appréciation des faits, paraît être d'enlever à ce dernier tout moyen de retarder la liquidation définitive des allocations. Encore ce motif laisse-t-il subsister quelque obscurité sur l'utilité de cette disposition de la loi puisque le recours demeure possible pour excès de pouvoir [1].

B. *Répartition de l'actif restant après l'attribution définitive des allocations aux congréganistes* — Nous avons, avant d'étudier cette dernière charge, que constitue pour la liquidation le payement des allocations dues aux congréganistes, posé le principe que c'était dans la forme d'une instance en attribution de prix, de distribution par contribution, que le débat sur l'attribution de l'actif net, définitivement établi, devait s'ouvrir devant les tribunaux. Cette procédure

---

[1] Il est probable que, dans un grand nombre de cas, l'actif restant sera insuffisant à payer toutes les allocations viagères. Les reprises et les frais laisseront peu de chose dans l'actif de la liquidation. Mais peut-être y aura-t-il des liquidations plus opulentes qui laisseront un actif plus important. Ainsi, suivant les cas, il y aurait des congréganistes qui toucheraient des allocations très faibles, et d'autres congréganistes qui auraient le maximum que la loi leur accorde. On a proposé, pour remédier à cette inégalité, de créer une sorte de Caisse générale des congrégations où l'on verserait tout l'actif, et qui payerait toutes les allocations de toutes les congrégations sur cet actif global. L'adoption de cette mesure, qui aurait pour effet de faire payer par les liquidations qui laisseraient un actif abondant, les pensions dues aux congréganistes appartenant à des congrégations moins riches, aurait cet avantage de sauvegarder aussi complètement que possible les droits individuels des associés et d'atténuer l'idée de confiscation. Il n'y aurait, d'ailleurs, à cela qu'un mince inconvénient pécuniaire, puisque, après la mort des titulaires, le capital des pensions reviendrait à l'État.

est, en effet, la seule par laquelle le Code de procédure règle les matières analogues, la répartition des
sommes provenant des successions vacantes ou bénéficiaires art. 749, 656 et 657, C. proc. civ.), de certains cautionnements, du prix de la vente d'un
immeuble non hypothéqué, de sommes ayant une
origine immobilière. Toutes ces procédures demeurent réglées par les principes généraux déposés dans
les articles 656 et 657 du Code de procédure civile,
mutatis mutandis, sous réserve des modifications de
détail que chacune de ces espèces doit leur apporter.

Les traits généraux de cette procédure, tels qu'ils
sont tracés par les articles 657 et suivants du Code
de procédure civile, appliqués à notre hypothèse,
sont les suivants : tout intéressé, toute personne qui
prétendra avoir des droits à faire valoir sur les sommes consignées, requerra au greffe du tribunal de
l'arrondissement duquel la distribution doit s'ouvrir,
par une simple déclaration sur un registre spécial,
l'ouverture de la distribution des sommes, dont il
mentionnera l'origine et qu'il déclarera provenir de
la vente des biens de la congrégation dissoute. Le
président du tribunal commettra un juge pour examiner les prétentions des parties et pour établir une
distribution amiable : si le juge estime les prétentions
des parties insuffisamment justifiées, ou s'il y a
entre elles des contestations, il les renverra à l'audience où leur différend sera tranché par le tribunal.

Le tribunal compétent sera encore celui qui a
nommé le liquidateur, non plus à raison de la loi de

1901, qui n'attribue compétence exclusive à ce tribunal que pour connaître des actions formées par le
liquidateur ou contre lui, mais parce que c'est dans
le ressort de ce tribunal que la consignation des
sommes à distribuer a été opérée par le liquidateur.

De même, lorsque la somme à distribuer provient
d'une succession bénéficiaire ou vacante, la distribution par contribution a lieu devant le Tribunal du
lieu de l'ouverture de la succession[1].

Les personnes qui pourront prendre part au débat
seront des créanciers de la congrégation qui n'ont
pas fait valoir leurs créances contre le liquidateur et
qui viendront les produire à ce moment, des tiers ou
des sociétés civiles qui prétendront des droits sur le
prix des biens vendus, des congréganistes se prétendant propriétaires de l'actif net restant, et l'Etat, le
Trésor, réclamant les sommes consignées comme biens
vacants et sans maîtres. Ce sera au tribunal à apprécier à qui de ces prétendus ayants droit les deniers
déposés doivent être attribués.

En ce qui concerne les deux premiers groupes,
créanciers de la congrégation et tiers ou sociétés civiles, il n'est pas douteux qu'ils doivent être écartés.
Les créanciers hypothécaires auront été prévenus de
la vente du gage qui leur était affecté par la publicité
des articles 957 et suivants du Code de procédure
civile, et s'ils n'ont pas fait valoir, selon la solution

[1] Patron (Code manuel de la distribution par contribution. T. 1.
N° 117).

que nous avons proposée, leur droit sur le prix, l'immeuble est purgé de leur hypothèque. Quant aux
créanciers chirographaires, ils sont tenus de surveiller
la solvabilité de leur débiteur; si la congrégation eût
aliéné volontairement ses biens et qu'elle se soit
volontairement appauvrie, ils auraient perdu leur
créance. Elle a cessé d'exister par la dissolution de
plein droit; ils avaient toute la durée de la liquidation pour faire reconnaître leurs créances; s'ils ne l'ont
pas fait, ils sont forclos; le patrimoine de leur débiteur, la congrégation, n'existe plus. En d'autres termes, la congrégation ne laisse personne pour succé-
der à ses obligations; il n'y a pas, par la liquidation,
transmission régulière d'un patrimoine, mais une
véritable disparition, une sorte de *venditio bonorum*
à laquelle ne survit même pas une personne physique
pour en soutenir les obligations.

Quant aux tiers, aux sociétés civiles, leur droit ne
pourrait s'exercer que contre le liquidateur, le délai
qui leur était imparti pour former contre ce dernier
des demandes en revendication ou en reprise devait
être observé à peine de forclusion. Leur action est
atteinte par l'expiration de ce délai préfix.

Les personnes qui composent ce premier groupe
écartées de la distribution, il ne restera donc en présence que les congréganistes et l'Etat.

Quels sont les arguments que pourront faire valoir
les deux adversaires en présence dans ce débat dont
l'importance théorique est considérable, puisqu'il
porte sur le point de savoir si la loi de 1901 portera

son plein effet, mais dont l'importance pratique sera bien moindre à raison du faible montant qu'atteindra dans la plupart des cas l'actif restant [1] ?

a) *Congréganistes*. — Les congréganistes qui prétendront avoir des droits sur l'actif restant ne pourront employer que les deux modes d'argumentation suivants : ou ils réclameront à leur profit l'attribution des deniers déposés en alléguant l'existence d'une société de fait antérieure à 1901 ; ou bien ils se fonderont sur le droit d'acquérir des membres d'une association même non autorisée, pris individuellement.

L'emploi du premier de ces arguments, l'existence d'une société de fait, est facilité par la jurisprudence antérieure à 1901. Il est, en effet, admis qu'une société civile ou commerciale qui a essayé de se constituer sans y parvenir et dont la nullité est prononcée pour défaut des formalités nécessaires à sa constitution, doit être liquidée comme si elle s'était valablement constituée. La liquidation doit en être réalisée

---

[1] Nous avons déjà émis cette considération qu'après l'exercice des actions en reprise et en revendication, et la restitution des fruits et des intérêts, l'actif de la liquidation sera considérablement diminué. Le paiement des dettes le diminuera aussi, de même que les frais considérables de la liquidation (actions en justice, frais d'administration, frais de jugement et de publicité pour parvenir à la vente). De plus, les manœuvres multiples par lesquelles on est arrivé à faire vendre des biens de congrégations dissoutes, au-dessous de leur prix, sont tout à fait impolitiques : elles pourront, en diminuant le montant de l'actif net, rendre impossible dans beaucoup de cas le payement de pensions suffisantes aux congréganistes.

entre les parties, conformément aux clauses du pacte
social, car il a existé dans le passé une communauté
d'intérêts, licite en elle-même, créée par la libre
volonté des parties et qui doit se régler en prenant
pour base leur commune intention, qui n'est et ne
peut être que celle qu'exprime le pacte social, dont
la communauté a été en définitive l'exécution pure
et simple [1].

De ce raisonnement, l'on conclut que les congrégations dissoutes doivent être considérées comme
les sociétés qui n'ont pu valablement se former, que
chacun des membres peut réclamer sa part de tout
ce qui est entré dans la communauté, son droit ne
se bornant pas seulement à la reprise de son apport
et au partage des bénéfices.

Ce premier argument n'est pas concluant Quoique
la jurisprudence antérieure à la loi de 1901 ait, en
matière de congrégations, admis ce système de la
société de fait, il est impossible de l'admettre après
la loi de 1901 qui a défini si nettement la différence
qui sépare le contrat d'association du contrat de
société. « Nous demandons à nos adversaires, dit
» M. de Vareilles-Sommières, comment ils peuvent
» découvrir une société, c'est-à-dire un contrat con-
» clu en vue de bénéfices à partager dans une asso-
» ciation, c'est-à-dire dans un contrat d'où le partage
» des bénéfices est absolument exclu. Sans doute

[1] Cass. 7 juillet 1873. S. : 73, 1, 388 ; 29 janvier 1875. S. : 75, 1, 58 ;
28 mars 1898. Pand. fr. pér. 1898, p. 1, 28.

» ils ne parlent que d'une société de fait. Mais la
» société de fait, comme la société régulière, sup-
» pose nécessairement la poursuite de bénéfices à
» partager, car c'est là l'élément caractéristique de
» la société. Il ne peut y avoir de société de fait que
» là où, à la rigueur, une société valable serait elle-
» même possible. Sans bénéfices à partager, aucune
» situation de fait ou de droit n'a figure de société et
» ne peut être appelée de ce nom. Or, dans l'asso-
» ciation, cette condition manque totalement, non
» point comme le dit M. Beudant, parce que les
» apports des associés ne sont pas productifs, *mais*
» *parce que les associés ont formellement convenu de ne*
» *pas partager les bénéfices que leurs apports pourraient*
» *produire* [1]. »

Il est évident que la jurisprudence que nous avons
citée ne saurait s'appliquer, puisque c'est une association et non une société que les congréganistes ont
entendu former.

Il est enfin une considération qui vient à l'encontre
de l'existence d'une société de fait : c'est la possibilité de la revendication des biens donnés à la congrégation. Si elle demeure possible après la dissolution,

---

[1] De Vareilles-Sommières. Du contrat d'association, p. 142. Il n'est
que loyal, de notre part, de remarquer que M. de Vareilles-Sommières
emploie cette argumentation contre ceux qui, comme MM. Aubry et
Rau, voient dans l'existence d'une société de fait une justification
logique de la faculté de poursuivre contre la congrégation l'exécution
de ses propres obligations, tout en la considérant comme non exis-
tante. Mais le raisonnement est tout aussi exact employé dans le sens
que nous lui donnons, et son effet est aussi rigoureux.

c'est que les donateurs et les héritiers ou ayants cause
des donateurs et des testateurs sont demeurés propriétaires. L'hypothèse de la société de fait est ainsi
indirectement exclue [1].

Mais il est un deuxième mode d'argumentation en
vertu duquel on s'efforce d'établir le droit des congréganistes à la répartition de l'actif.

L'actif restant après la liquidation doit faire retour
aux propriétaires des biens vendus. Si la loi a imposé
la dispersion des biens des congrégations non autorisées, elle n'en a cependant pas formellement
consacré la confiscation. Or, les propriétaires sont les
congréganistes; la congrégation était incapable, il est
vrai, elle n'existait même pas; mais les congréganistes
seuls ont pu acquérir des biens qui ne pouvaient en
aucune manière rentrer dans le patrimoine d'un être
non existant Eux seuls étaient capables, considérés
individuellement; ils ont donc pu valablement constituer entre eux un contrat d'association. Ce contrat
qui, antérieurement à 1901, n'avait pas de règles
fixes, doit être régi par les mêmes principes que le
contrat dont il se rapproche le plus; par analogie
avec le contrat de société auquel il doit être assi-
milé, en vertu de ce rapprochement, les associés peuvent se partager les apports et tout l'actif de l'association. Les congréganistes seuls ont donc droit à cet
actif L'Etat doit être écarté de la répartition; s'il y

[1] Discours de M. Waldeck-Rousseau. J. Off., Ch. des députés,
séance du 28 juin 1901.

prenait part, il procéderait à une véritable confiscation. « Il n'est pas plus juste, dit encore M. de
» Vareilles-Sommières, de confisquer la chapelle,
» l'école ou l'hôpital de dix laïques ou de dix reli-
» gieuses, que de confisquer l'oratoire d'un parti-
» culier, la maison où il reçoit des écoliers ou des
» malades. Il n'est pas plus juste de ravir à dix
» femmes laïques ou religieuses, la donation qu'on
» leur fait pour les aider à nourrir des orphelins et
» des vieillards, que de ravir à une seule personne
» la donation qu'on lui a faite pour subvenir à ses
» charités[1]. »

Sans insister sur la contradiction qu'il y a à dire
que l'association religieuse n'est pas une personne
morale et à la traiter comme si elle en était une, ou
sur le sophisme qui consiste à soutenir que les associés, pris en tant que tels, ont des droits collectifs
et que l'association ne saurait en avoir, il suffit de
remarquer, à l'encontre de ce système, que si, loin
d'avoir eu l'intention de constituer une société, les
congréganistes ont voulu créer une association, c'est-
à-dire ont formellement renoncé à toute espérance
de se partager des bénéfices, ils ne peuvent prétendre aucun droit sur l'actif restant. La loi leur permet de retirer leurs apports; il n'y a aucune confiscation à adjuger ce qui restera à l'Etat. L'intention
formelle des religieux était de renoncer à tout avan-

[1] *Op. cit.*, p. 152. — Henri Barboux: Consultation, Gaz. des Trib.,
28 février 1903. — Hébrard: Du sort des biens d'une association,
p. 152.

tage personnel; il est vrai qu'ils espéraient continuer à vivre dans la congrégation, mais cette espérance n'est pas trompée, puisque l'actif restant leur doit une allocation qui suppléera la congrégation absente.

Ce dernier argument ne peut donc donner un fondement irréfutable aux droits des congréganistes.

Il faut enfin ajouter que le texte de la loi ne reconnaît pas leur droit d'une façon expresse et que le terme « ayants droits » qu'emploie la paragraphe final de l'article 18 ne doit pas, à raison des considérations qui précèdent, être considéré comme devant s'appliquer aux congréganistes.

b) *L'Etat.* — Après avoir écarté successivement de l'actif les créanciers, les tiers et les congréganistes, il nous reste à examiner le fondement des prétentions de l'Etat.

Et tout d'abord, si le terme général employé par le législateur, le mot « ayants droits », s'il ne s'applique point aux congréganistes, désigne-t-il exclusivement l'Etat ?

Il est certain que ce terme ne désigne pas exclusivement l'Etat, puisqu'il suppose le concours de plusieurs ayants droits. Si le législateur eût voulu écarter toutes les prétentions contraires à un droit unique il eût attribué l'actif restant à un seul ayant droit. Mais s'il n'y a pas dans l'emploi de ce terme une désignation claire du droit de l'Etat, on ne peut y voir non plus, comme on l'a fait, une négation de son droit, car, à côté de lui se trouvent les congréganistes qui ont droit à des allocations sur l'actif net ; ce qui explique que le droit à l'attribution de cet actif soit accordé par le texte aux « ayants droits » et non à un seul ayant droit.

Le droit de l'Etat n'est donc ni reconnu ni exclu par le texte même de la loi. Les travaux préparatoires permettent-ils d'interpréter en sa faveur le terme général employé par le législateur ?

L'article 9 du projet du gouvernement portait attribution de l'actif net à l'Etat, sans indiquer aucune affectation des deniers ainsi recueillis. La commission de la Chambre des députés, saisie du projet, modifia deux fois cette première rédaction. Elle affecta d'abord l'actif net recueilli par l'Etat à la dotation d'une caisse de retraites ouvrières, puis, revenant sur sa décision, elle soumit à la Chambre une rédaction définitive, d'après laquelle, après le dépôt, une loi ultérieure devait fixer l'emploi des fonds.

Au cours de la discussion générale ouverte sur cette rédaction, les adversaires des droits de l'Etat soutinrent la théorie de la société de fait que nous avons examinée. M. Trouillot, rapporteur de la loi, conclut à l'attribution de l'actif à l'Etat, en le considérant comme bien vacant et sans maître [1].

Après la clôture de la discussion générale, au moment du vote des dispositions de l'article 18, M. Zévaès proposa un amendement d'après lequel l'attribution de l'actif à l'Etat était nettement décla-

[1] Journ. off., séance 27 mars 1901.

rée et la première rédaction de la commission de la Chambre des députés, comportant affectation des deniers à la dotation d'une caisse des retraites, rétablie. Cet amendement fut repoussé.

M. Lhôpiteau déposa un amendement ainsi conçu :

« Passé ce délai, les immeubles non repris, ni
» revendiqués, devront être vendus, et les prix de
» vente, ainsi que toutes autres valeurs mobilières,
» devront être partagés entre les ayants droit.

» De même, il devra être procédé au partage
» immédiat ou à la vente de tous biens, meubles et
» immeubles, dont deviendraient copropriétaires
» indivis autrement que par voie d'hérédité en ligne
» directe ou collatérale, deux ou plusieurs membres
» d'une congrégation dissoute.

» Si, dans le délai de six mois, les intéressés n'ont
» pas effectué les ventes et partages prévus aux deux
» paragraphes qui précèdent, l'administration des
» domaines mettra les immeubles en vente aux
» enchères publiques, encaissera les prix, se fera
» remettre les valeurs mobilières et déposera titres et
» deniers à la Caisse des dépôts et consignations
» pour le compte des ayants droit »

L'auteur de cet amendement vint déclarer en le soutenant : d'abord, qu'il ne partageait pas la théorie des droits de l'Etat ; ensuite que, malgré cette mésintelligence avec les auteurs du projet, son amendement n'avait pas pour but de répudier formellement cette théorie, mais seulement d'en laisser la responsabilité aux tribunaux s'ils voulaient l'admettre au

moment où seraient formées devant eux des demandes en attribution d'actif. « Qu'on ne me fasse pas
» dire, ajoutait M. Lhôpiteau, qu'en aucun cas, dans
» cette dissolution des biens, l'Etat n'aura aucun
» rôle à jouer ni aucune revendication à exercer.
» *Je le laisse soumis au droit commun.* Et justement
» en vertu dudit droit commun, s'il se rencontre des
» donations dont l'ancien propriétaire n'existe plus
» ou n'a pas laissé d'héritiers, la succession étant en
» déshérence, l'Etat l'appréhendera et il aura alors
» à intervenir, à revendiquer. Mais il ne revendiquera
» pas en vertu de cette loi, il revendiquera en vertu
» des lois préexistantes. » Et plus loin, il ajoutait
encore : « De même, après que les biens ont été ven-
» dus et leur valeur déposée à la Caisse des dépôts et
» consignations, si les revendications ne se produi-
» sent pas dans le délai du droit commun, — *encore*
» *une fois je ne veux que du droit commun* — la
» déchéance étant encourue, les fonds reviendront à
» l'Etat ».

M. Waldeck-Rousseau vint critiquer ces considérations si peu précises en insistant notamment sur
l'unanimité des nombreux projets qui ont précédé la
loi de 1901, en ce qui concerne l'attribution de l'actif
net à l'Etat, ainsi que sur l'impossibilité de la part
des congréganistes d'arguer de l'existence d'une
société de fait. Mais malgré cette intervention du président du Conseil, l'amendement de M. Lhôpiteau fut
voté [1].

[1] Journ. off. Ch. des députés. Séance du 28 mars 1901.

Après le vote de la Chambre, la commission du
Sénat rejeta l'amendement Lhôpiteau et inséra dans
le nouveau texte une disposition en vertu de laquelle
les congréganistes ne pourraient jamais réclamer tout
ou partie de l'actif en excipant d'une prétendue société
de fait ayant existé entre eux.

Lorsque le texte ainsi remanié fut remis en discussion devant le Sénat, M. Tillaye, intervenant dans le
même sens que M. Lhôpiteau à la Chambre des députés, déposait un amendement tendant à ce que la
mission d'opérer la répartition entre les ayants
droit fût formellement abandonnée aux tribunaux.
Mais il se rallia à une proposition de M. Guérin qui
tendait à la suppression de la dernière proposition
que la commission du Sénat avait insérée dans le
texte, excluant expressément l'existence d'une Société
de fait entre les congréganistes. Cette suppression fut
obtenue [1].

Le projet revint en cet état devant la chambre. Le
rapporteur, M. Trouillot, fit d'importantes déclarations.
Il proposa à la Chambre d'adopter le projet du Sénat
dans son intégralité, tout en faisant des réserves.
Pour M. Trouillot : « le droit de l'Etat demeure
» intact, et le débat véritable n'a porté que sur le point
» de savoir s'il convenait ou non de le proclamer. »
Le vote du Parlement doit sanctionner cette interprétation, les tribunaux devront appliquer ces principes, puisque les adversaires mêmes de l'attribution

[1] Journ. off. Ch. des députés. Séance du 22 juin 1901.

à l'Etat veulent laisser la question sous l'empire du droit commun, et que le droit commun attribue à l'Etat les biens sans maîtres. De plus, M Trouillot insistait très vigoureusement sur ce fait que les allocations de pensions aux membres qui justifient avoir contribué par leur travail personnel à l'acquisition des deniers à distribuer laissent supposer que, hors de ces allocations, dont le montant est limité par la loi, ils ne sauraient invoquer d'autres droits [1].

MM. Beauregard, Renault-Morlière et Lhôpiteau firent immédiatement leurs réserves au sujet de ces déclarations, prétendant que c'était le texte et non le commentaire du rapporteur qu'allait sanctionner le vote de la Chambre [2].

M. Viviani proposa de revenir au texte de la commission du Sénat qui interdisait aux congréganistes de se prévaloir de l'existence d'une prétendue société de fait ayant existé entre eux pour réclamer tout ou partie de l'actif net. Son amendement fut rejeté [3].

Tels sont les faits. Quelle est l'intention qu'on peut en déduire? L'adoption des amendements Guérin et Lhôpiteau entraîne-t-elle la négation des droits de l'Etat?

Nous nous trouvons en présence de deux interprétations possibles.

On peut considérer l'adoption des amendements Lhôpiteau et Guérin et le rejet des amendements

[1] Jour. off. Ch. des députés. Séance du 27 juin 1901.
[2] Jour. off. Ch. des députés. Séance du 28 juin 1901.
[3] Jour. off. Ch. des députés. Séance du 28 juin 1901.

Zévaès et Viviani, ainsi que des textes très précis
élaborés par les commissions de la Chambre et du
Sénat comme un refus de trancher législativement la
question posée. Le Parlement semblerait donc, dans
cette opinion, s'être rallié aux conclusions de M. Lhôpiteau et avoir abandonné aux tribunaux la décision
à prendre. « Malgré les efforts des orateurs du
» gouvernement et des rapporteurs de la loi, le Par-
» lement n'a pas consacré par un texte formel la
» théorie des droits de l'Etat D'autre part...... l'ad-
» dition proposée par M. Viviani a été rejetée sur la
» demande de MM. Waldeck-Rousseau et Trouillot,
» qui défendaient cependant la main-mise de l'Etat
» sur l'actif net. Quant aux amendements Lhôpiteau
» et Guérin, si on se reporte aux explications qu'en
» ont données leurs auteurs eux-mêmes, on voit que
» ni M. Lhôpiteau à la Chambre des Députés, ni
» M. Guérin au Sénat n'ont eu l'intention de faire
» trancher par le pouvoir législatif une question de
» propriété dont la solution, à leur avis, ne pouvait
» appartenir qu'aux tribunaux [1]. »

La question viendrait donc devant les tribunaux
sans aucune indication dans un sens plutôt que dans
l'autre, et les principes généraux seuls devraient leur
imposer une solution.

Malgré la vigueur avec laquelle cette opinion a été
établie sur les débats devant le Parlement, nous pen-

[1] Curet. Liquidation, p. 170.

17

sons (et c'est là une seconde interprétation possible) qu'elle comporte une atténuation.

En effet, l'amendement de M. Lhôpiteau tendait à retrancher du texte de la Commission l'attribution de l'actif net à l'Etat et à replacer ce dernier sous l'empire du droit commun. Si donc l'amendement de M. Lhôpiteau était devenu la rédaction définitivement votée et promulguée, il n'est pas douteux que, conformément aux déclarations de l'auteur de l'amendement, ce serait, suivant les règles du droit commun, que le droit de l'Etat devrait être apprécié par l'autorité judiciaire [1]. Mais après le vote de cet amendement, la commission du Sénat revint à la rédaction primitive, et comme nous l'avons vu, renchérissant sur le texte primitif, elle y ajouta l'interdiction

[1] A notre avis, s'il ne fallait donner à la loi d'autre signification que celle que l'amendement Lhôpiteau tendrait à lui donner, l'Etat pourrait même être écarté de l'attribution de l'actif. Les déclarations de l'auteur de l'amendement étaient formelles ; pour lui l'Etat ne serait venu qu'en dernière ligne : « s'il se rencontre des donations dont l'ancien propriétaire n'existe plus ou n'a pas laissé d'héritiers », ou encore : « si les revendications ne se produisent pas dans le *délai de droit commun*, la déchéance étant encourue, les fonds reviendront à l'Etat. » On se demande alors quels sont les cas dans lesquels l'Etat serait venu utilement. Ce prétendu droit commun ne se serait jamais appliqué.

De plus, il y a quelque ambiguïté dans ces affirmations que l'Etat viendra à l'attribution « en vertu des lois préexistantes, « seulement, du droit commun, et dans les protestations de M. Lhôpiteau que les tribunaux conserveraient une entière liberté d'appréciation. Le droit commun permet, comme il le dit lui-même, à l'Etat de venir subsidiairement, en dernière ligne, à défaut d'autres ayants droit ; mais s'il y a d'autres ayants droits, comment l'Etat pourra-t-il, d'après M. Lhôpiteau, faire valoir ses droits ? Il ne le pourra qu'après que le délai des revendications (« délai de droit commun ») sera écoulé.

aux congréganistes de former une demande en attribution d'actif fondée sur l'existence d'une société
de fait.

C'est sur cette rédaction que s'ouvrit la discussion
devant le Sénat. Non seulement elle ne laissait rien
subsister de l'amendement de M. Lhôpiteau, mais
encore elle établissait les droits de l'Etat plus nettement que ne l'avait fait la commission de la Chambre
des députés. M. Tillaye fit, au cours des débats, la
même tentative que M. Lhôpiteau à la Chambre,
mais sans y mettre la même insistance, et il se rallia
à la proposition de M. Guérin.

Cette dernière proposition visait simplement la
suppression de la disposition excluant toute société
de fait ; mais, d'après les explications formelles de
son auteur, sans prétendre trancher la controverse
en faveur des congréganistes, et seulement pour en
renvoyer la solution à ses juges naturels [1]. C'était
bien là la thèse que M. Lhôpiteau avait soutenue
devant la Chambre des députés ; mais à ce moment,
la portée en était toute différente, car la suppression
du paragraphe final demandée et obtenue, il n'en

---

[1] M. Guérin fondait la nécessité de ce renvoi, comme l'avait fait
M. Lhôpiteau, sur le principe de la séparation des pouvoirs, disant
que le pouvoir législatif est incompétent pour trancher une question
d'attribution de propriété ! Il faut bien avouer que si personne n'a
fait remarquer que décider de cette attribution est, au contraire, un
devoir du pouvoir législatif, devoir qu'il ne manque jamais d'accomplir toutes les fois qu'il adopte une loi sur les biens, c'est que le
Parlement, devant qui le mot de confiscation avait été souvent prononcé au cours des débats, a voulu, par ce détour, décliner une
responsabilité électorale.

restait pas moins toute la rédaction de l'article 18, qui a été adoptée par le Sénat et ensuite par la Chambre des députés, telle que la commission du Sénat l'avait rédigée, sans modification aucune, et qui est devenue la rédaction actuelle. L'amendement de M. Lhôpiteau modifiait complètement l'article 18, tel que la Commission de la Chambre des députés l'avait rédigé, d'après le projet du Gouvernement. Cet amendement (§ 2) prescrivait le partage « des biens » meubles et immeubles dont deviendraient copro- » priétaires par indivis, autrement que par voie » d'hérédité en ligne directe ou collatérale, deux ou » plusieurs membres d'une congrégation dissoute ». Ce texte comportait donc attribution de la propriété de l'actif restant aux membres de la congrégation. Et M. Lhôpiteau n'admettait le droit de l'Etat qu'au cas où, les revendications ne se produisant pas dans le délai du *droit commun*, « la déchéance était encourue ! » Le vote de cet amendement aurait donc eu pour effet de reconnaître, malgré les déclarations de son auteur, le droit exclusif des membres de la congrégation, au moins dans les délais du droit commun.

Mais le vote de l'amendement de M. Guérin, auquel M. Tillaye s'était rallié, n'avait plus le même sens. Il signifiait clairement que le Parlement n'entendait pas prendre la responsabilité d'une décision attribuant l'actif à l'Etat ; mais, par ailleurs, le texte voté par le Sénat et par la Chambre, le texte définitif, ne laissait subsister aucun doute sur la nature de la solution. Le texte voté créait les revendications et les reprises et en édictait l'impossibilité après un délai, qui n'est pas le délai du droit commun ; il allouait des pensions viagères aux membres. Le mot « ayants droit » n'a plus, à la suite de ces prescriptions, le sens qu'il avait dans l'amendement Lhôpiteau ; il ne peut s'appliquer qu'à l'Etat et aux congréganistes qui ont droit à des allocations.

Le vote de l'amendement Lhôpiteau aboutissait à édicter le partage entre les congréganistes, en permettant à l'Etat une intervention, sans effet, sinon après l'expiration des délais du droit commun sans revendications formées, ou encore au cas de déshérence. Le vote de l'amendement Guérin, inversement, édicte l'attribution de l'actif net entre les congréganistes pensionnés et l'Etat, avec possibilité d'une intervention dans cette attribution pour les congréganistes qui voudront se prétendre copropriétaires en vertu de la théorie jurisprudentielle de la société de fait.

Aussi lorsque M. Viviani et quelques-uns de ses collègues, désirant mettre plus de netteté dans le texte de la loi, demandèrent le rétablissement de la disposition supprimée, le rapporteur et le Gouvernement déclarèrent admettre dans son intégralité la rédaction du Sénat, sous ce motif que ce rétablissement était inutile après le vote de l'ensemble de l'article 18. Les réserves faites après les déclarations du rapporteur par MM. Renault-Morlière, Beauregard et Lhôpiteau n'ont, elles aussi, que la valeur d'opinions personnelles. Quelles que soient les restrictions qu'ils ont apportées à la tribune, les indications du rapporteur n'ont été réfutées formellement par aucun d'entr'eux[1]. Bien au contraire, M. Viviani, M. Pelletan, se sont rangés sans difficulté à son opinion et ont abandonné leur demande. C'est sur ce point que le débat a porté, c'est d'après ces considérations que le Parlement s'est déterminé.

Est-il téméraire de conclure que, malgré l'imprécision du texte, malgré le refus du Parlement de prendre la responsabilité d'une décision, l'admission du droit de l'Etat est implicitement préjugée ? Si l'on admet surtout que c'est seulement la crainte de cette responsabilité qui a rallié, comme cela ressort jusqu'à l'évidence des débats, la majorité des Chambres autour des propositions faites par les adversaires de la loi, n'est-il pas évident que la solution que le Parlement n'a pas voulu insérer formellement dans le texte, s'impose aux Tribunaux ? Ces adversaires n'étaient pas d'ailleurs nettement déclarés; leurs efforts se sont bornés à soutenir que l'attribution à l'Etat, sanctionnée par le pouvoir législatif, constituerait une confiscation qui devait « alarmer le pays et les populations rurales[2] », et que, accomplie par l'autorité judiciaire, elle paraîtrait une attribution de propriété ordinaire. Le droit de l'Etat n'est donc pas écarté, mais admis. Quant au droit des congréganistes,

[1] Séance 28 juin 1901. Jour. off. Ch. des députés.
[2] Discours de M. Lhôpiteau. Chambre des députés, séance du 28 mars 1901.

la suppression du paragraphe final du texte rédigé par la commission du Sénat a pour effet de permettre de l'invoquer, mais seulement *dans la mesure où son exercice demeure compatible avec les dispositions précédentes de l'article 18*. Et nous verrons que, implicitememt, mais très clairement cependant, l'économie de ces dispositions doit aboutir à le faire rejeter complètement.

Nous n'avons pas la prétention d'avoir ainsi démontré que l'intention du législateur est clairement manifestée ; nous avons simplement voulu établir une nuance qui, malgré les déclarations ambiguës de tous les partis, où la netteté fait souvent défaut, nous paraît ressortir des débats La majorité du Parlement voulait cette attribution à l'Etat. Elle ne constitue pas une mesure si radicale que les lois nationales antérieures et les lois étrangères ne l'aient souvent appliquée. Le Parlement a préféré en laisser la responsabilité aux Tribunaux qui ne peuvent pas l'éviter.

D'ailleurs (et c'est la démonstration qui nous reste maintenant à faire pour établir le droit exclusif de l'Etat), indépendamment des considérations précédentes, qui tirent des travaux préparatoires, sinon une preuve directe, au moins une forte présomption de l'intention du législateur, il est d'autres motifs pour les tribunaux d'admettre l'Etat à l'attribution de l'actif.

L'argument indiqué par tous les partisans des droits de l'Etat est tiré de la théorie qu'a formulée M. Laurent des biens vacants et sans maître.

D'après M. Laurent[1], des bien détenus par les congrégations religieuses peuvent être revendiqués par
l'État. Les communautés qui les possèdent, en effet,
ne sauraient en être propriétaires, étant dépourvues
d'existence légale. Les associés n'en sont pas davantage
propriétaires, ils n'ont pas entendu acquérir pour
eux-mêmes ; ils n'ont voulu acquérir que pour la
communauté qui n'existe pas ; il n'y a donc à leur
égard aucune translation de propriété. Les biens
n'appartiennent qu'aux anciens propriétaires, vendeurs, donateurs, testateurs ; s'ils négligent de les
revendiquer, l'État doit les recueillir comme vacants
et sans maître.

Mais, à cette argumentation si souvent reprise, les
adversaires des droits de l'État répondent : les biens
détenus par les congrégations ne sont pas vacants ni
sans maître. Si réellement ils l'étaient, ils pourraient
devenir la propriété du premier occupant; il faudrait
donc conseiller aux agents du fisc, non pas de les
revendiquer, mais d'en prendre vivement possession
et d'être ce premier occupant[2], au moins en ce qui
concerne les meubles. Quant aux immeubles, ils
n'ont pas cessé d'appartenir à ceux qui les ont appor-
tés, vendus ou donnés à l'association et qui peuvent
les revendiquer.

De plus, il y a un obstacle matériel à l'exercice du
droit de l'État, la détention. Puisque les biens sont

---

[1] Avant-projet de révision du Code civil, p. 452.
[2] De Vareille-Sommières. Du contrat d'association, p. 149.

détenus, occupés matériellement, ils ne rentrent plus dans la définition des biens sans maître. Cette dernière catégorie ne comprend que les choses abandonnées, sur lesquelles personne ne peut prétendre à aucun droit. Or, dans notre hypothèse, le texte même de la loi ne vise que les biens « détenus » par les congrégations existantes[1] et constate ainsi l'impossibilité de fait à laquelle se heurte le droit de l'Etat.

D'ailleurs, même en écartant la détention matérielle des biens par la congrégation, il est impossible de dire que, parce qu'un bien n'a pas été valablement aliéné par son propriétaire, l'Etat peut s'en emparer. La confiscation deviendrait la sanction de presque toutes les nullités, dont l'Etat seul pourrait se prévaloir.

La seule personne qui puisse se prévaloir de la nullité, c'est le donateur, ou les héritiers ou les ayants droit du testateur. Si aucune de ces personnes n'agit, le titre du donataire est consolidé par l'expiration du délai de six mois, dans l'espèce.

Il y a donc deux obstacles à la revendication de l'Etat : le premier, c'est un obstacle matériel, la détention par les congréganistes; le deuxième est un obstacle de droit; il provient du donataire, de la personne interposée qui devient propriétaire définitif

[1] Henri Barboux : Consultation. Gaz. des trib. 28 février 1903. — De Vareille-Sommières : Du contrat d'association, p. 148. - Jour. off. Chambre des députés. Discours de M. Lhôpiteau. Séance du 27 mars 1901. — Discours de M. Massabuau. Séance du 28 mars 1901.

lorsque l'action qui avait été donnée contre elle est prescrite.

En ce qui concerne la première objection, elle serait de tous points fondée si la main-mise de l'Etat s'exerçait au moment où l'association religieuse existe en fait (non en tant que *société*, mais en tant qu'*association* de fait). Il est incontestable qu'à ce moment la détention par les associés constituerait un obstacle insurmontable à cette main-mise.

Mais, dans l'hypothèse sur laquelle nous raisonnons, la congrégation est dissoute et dessaisie de l'administration des biens qu'elle détenait. Non seulement il n'y a pas de personnalité juridique, mais encore il n'y a plus de contact matériel entre les associés et les biens de l'association. C'est là l'effet incontestable de la dissolution de plein droit. Le liquidateur détient seul les biens comme les détiendrait le curateur à une succession vacante. Au moment où l'actif net doit être réparti, après le dessaisissement complet de la congrégation, après les ventes, après le dépôt, aucune détention ne s'oppose plus à l'exercice du droit de l'Etat sur les deniers déposés.

Il semble alors, dira-t-on peut-être, que l'Etat vient se prévaloir de ce défaut de détention après avoir fait lui-même cesser la détention.

Après en avoir abusivement dépouillé les congréganistes, a-t-il le droit de l'invoquer contre eux?

A cela nous répondrons que la loi a créé vis-à-vis des associations religieuses le système de la personnalité fictive ; d'où il suit que le refus d'autorisation

entraîne pour la congrégation la dissolution de plein
droit Or, c'est une présomption de la loi que les biens
occupés par des congréganistes sont la propriété de
la congrégation, et que le liquidateur doit s'en mettre
en possession. Elle leur accorde un délai pour intenter
les actions qu'elle leur donne. Passé ce délai et après
le dépôt des deniers provenant de la liquidation, s'ils
ne sont plus détenteurs, c'est une conséquence de la
loi et non une dépossession abusive. Ils ne peuvent
plus se prévaloir d'un état de fait qui est anéanti.
C'est d'ailleurs une preuve de plus que le législateur
a voulu traiter ces biens comme vacants et sans
maître puisqu'il a commencé par les rendre tels.

Il reste encore un deuxième obstacle à l'exercice
des droits de l'État. Celui-ci est un obstacle de droit.
L'expiration du délai de six mois, dit-on, accordé aux
donateurs pour revendiquer, sans que leur action ait
été intentée, consolide entre les mains du congréganiste bénéficiaire de la libéralité par interposition,
son titre de propriétaire. Les deniers provenant de la
vente de ce bien non revendiqué sont donc sa propriété. Et, en combinant cette argumentation avec le
système de la société de fait, on en vient à dire que ce
bien constitue un apport dans cette société, et que
cet apport a pour propriétaires les congréganistes
qui peuvent le revendiquer. Il n'est donc pas vacant
et sans maître.

Il importe de remarquer tout d'abord que ce raisonnement n'atteint que les biens donnés ou légués
à la congrégation par personne interposée; les biens

qui ont été acquis par elle à titre onéreux ou ceux qui lui ont été donnés ou légués directement échappent complètement à cette considération. La revendication en est permise par la loi de 1901, et si elle n'est pas exercée il n'est pas douteux qu'ils soient vacants et sans maître. La prescription de l'action est ici impuissante à rendre la congrégation capable.

Mais, même en ce qui concerne les biens dont la congrégation n'est gratifiée que par l'intermédiaire d'une personne interposée, nous ne pensons pas qu'on puisse soutenir que, la revendication n'étant pas exercée, ces biens deviennent la propriété du congréganiste personne interposée. Il y a dans la disposition de la loi de 1901 qui permet la revendication des objets de pareilles libéralités, autre chose qu'une application de l'article 911 du Code civil. Le délai est ramené à six mois, ce qui constitue déjà une différence notable. De plus, et c'est là une différence essentielle, cette disposition n'est pas une simple application de l'article 911, qu'il eût été inutile d'insérer à nouveau dans la loi récente, elle est une règle nouvelle. Or, pour admettre que cette règle nouvelle puisse être régie par les mêmes principes que l'article 911 du Code civil, il faudrait que les règles ordinaires de l'interposition de personne fussent applicables aux dispositions de la loi. En d'autres termes il faudrait que le congréganiste personne interposée pût revendiquer l'objet de la libéralité. Et cette revendication lui est interdite, à raison de sa qualité, par le § 5 de l'article 18 pour ce qui concerne les dons ou legs qu'il aura reçus autrement qu'en ligne directe. Comment admettre que le congréganiste, auquel la loi refuse l'action en revendication, s'il est personne interposée, puisse former une demande en attribution d'actif en se fondant précisément sur cette qualité de personne interposée, et en prétendant que l'inaction du propriétaire a consolidé son titre ?

Ainsi les biens qui ont été donnés ou légués à la congrégation sont vacants et sans maître s'ils n'ont pas été revendiqués, puisque la congrégation était et demeure incapable et qu'aucune prescription n'a pu consolider son titre. Les biens donnés ou légués aux congréganistes, et qui n'ont pas été revendiqués par eux (ce sont les seuls biens dont l'actif net puisse conserver la valeur après leur vente) sont aussi vacants et sans maître puisque, s'ils ne les ont point revendiqués, ou que, si, les ayant revendiqués, ils ont échoué dans leur action, ils étaient personnes interposées et qu'il est impossible d'admettre, qu'après avoir négligé d'exercer leur action dans les délais, ou que l'ayant exercée ils aient été reconnus personnes interposées et aient succombé, ils viennent ensuite exercer un droit quelconque sur ces biens.

Mais, en somme, l'argumentation que nous avons employée jusqu'à maintenant en faveur du droit de l'État est toute critique et se borne à réfuter les arguments par lesquels on s'efforce d'établir le droit des congréganistes. Il est un autre argument tiré de la loi, en vertu duquel on peut dénier tout droit à ces derniers dans l'attribution de l'actif, non plus en niant le fondement de leur droit, mais en établissant directement qu'il ne saurait exister.

En effet, si la procédure s'introduit comme nous l'avons indiqué, le Trésor pourra, non seulement établir son droit, mais encore prétendre demeurer seul attributaire du reliquat d'actif en se fondant sur ce fait que ses adversaires ont déjà touché tout ce à quoi ils avaient droit d'après la loi même. Cette instance ne s'ouvrira qu'après la fixation définitive des allocations dues aux membres de la congrégation dissoute. Or, à ce moment-là, les congréganistes se sont vu attribuer et ont touché les sommes dont ils étaient créanciers contre la liquidation.

On répond à cet argument par cette considération, que ces allocations sont éventuelles et que le tribunal ne pourra les accorder que, si ne reconnaissant pas l'existence d'une société de fait, il se voyait dans la nécessité de dénier aux congréganistes tout droit sur le reliquat d'actif [1]. Mais cette interprétation de la loi, que M. Tarrieux avait déjà donnée au Sénat, est considérablement amoindrie dans sa portée, puisqu'il est certain que les allocations viagères seront fixées avant que les tribunaux aient à statuer sur l'attribution du reliquat d'actif. Ce reliquat d'actif est constitué par l'actif net restant après la fixation de ces allocations, qui, d'abord provisionnelles, sont devenues définitives dès que la liquidation est achevée,

---

[1] Hébrard. *Loc. cit.*, p. 162 et suiv.

c'est-à-dire dès que les restitutions sont accomplies et les charges acquittées, mais très probablement avant toute attribution d'actif.

En effet, ce n'est pas la même autorité qui statue sur le payement des allocations et sur l'attribution de l'actif. Nous avons vu que, aux termes du décret du 16 août 1901, c'est le ministre de l'intérieur et le ministre des finances qui procèdent à la fixation de ces allocations et qui en ordonnancent les mandats de payement sur la Caisse des dépôts et consignations. Il n'y a pas à craindre de contrariété de décisions ; l'autorité administrative pourra toujours allouer ces pensions, quelle que soit la décision de l'autorité judiciaire, qu'elle reconnaisse ou non l'existence d'une société de fait, car le texte de l'article 18 est précis : Le règlement d'administration publique, visé par l'article 29 de la présente loi, déterminera sur l'actif resté libre après le prélèvement ci-dessus prévu, l'allocation en capital, ou sous forme de rente viagère, qui *sera* attribuée aux membres de la congrégation dissoute.

Il n'y a pas là une simple éventualité, mais un droit, pour les congréganistes qui ont formé leur demande.

D'où il résulte qu'après avoir agi comme créanciers de la liquidation, les congréganistes ne sauraient, au moment de l'attribution, rester attributaires du reliquat d'actif à titre de propriétaires. Et cette considération doit suffire à faire écarter leur prétention.

D'ailleurs, indépendamment de cette contradiction

singulière, il y a encore d'autres inconvénients à admettre le droit des congréganistes à l'attribution de l'actif
restant. En effet, comme on l'a très finement remarqué[1], ce système ne résout pas la question, car, si
le tribunal n'admet pas qu'il y ait eu société de fait,
et qu'alors s'ouvre le droit aux allocations, que
deviendra le reliquat d'actif si ces allocations ne suffisent pas à absorber l'actif net ?

De plus, si le tribunal ne reconnaît pas l'existence
de la société de fait, il peut cependant reconnaître
aux congréganistes des droits individuels sur l'actif
restant, en vertu du second système que nous avons
exposé en recherchant les moyens sur lesquels ils
pourront fonder leur prétention. Dans cette hypothèse, les autres membres de la congrégation, ceux
qui n'ont rien apporté dans l'association, mais qui
sont sans moyens d'existence assurés, auront-ils
droit à une allocation ? « Ce droit ne peut que
» leur être refusé, car si on comprend que la loi
» puisse faire acte d'humanité des deniers de l'État,
» ce serait évidemment consacrer une véritable con-
» fiscation que de prélever une allocation sur des
» deniers qui seraient reconnus être la propriété de
» simples particuliers. »

Enfin, une autre considération vient terminer la
critique du système que nous combattons[2]. La

[1] M. Curet. *Loc. cit.*, p. 184.
[2] Ces deux arguments, si judicieux et si probants, sont empruntés à
la critique ingénieuse que fait M. Curet du système de l'attribution de
l'actif aux congréganistes. (Liquidation des biens des congrégations,
p. 184.)

demande en allocation viagère doit être formée par les congréganistes dans les six mois qui suivent la publication du jugement nommant le liquidateur. Si les demandes en attribution des deniers déposés à la Caisse des dépôts et consignations peuvent être formées pendant le délai de droit commun, c'est-à-dire pendant trente ans, il faudra nécessairement attendre l'expiration de ce long intervalle de temps pour statuer sur les demandes d'allocation.

On peut, il est vrai, répondre à cet argument que les allocations resteront provisionnelles pendant toute cette période, comme elles l'ont été avant l'achèvement de la liquidation ; et cette considération diminue peut-être la portée de la critique, mais il n'en est pas moins vrai que, quoique les congréganistes n'aient pas à souffrir de cette solution, il serait peu pratique de procéder, après chaque revendication au cours de ces trente années, à la révision des allocations qui ne deviendraient définitives qu'à l'expiration du délai. Si on admettait la solution d'après laquelle les revendications pourraient se produire au cours de cette période, il faudrait cependant, puisque les pensions d'abord fixées provisoirement doivent ensuite, aux termes de l'article 9 du décret du 16 août 1901, être établies sur le montant des fonds disponibles, au prorata des sommes allouées, procéder à cette révision toutes les fois que le succès d'une demande en revendication abaisserait le reliquat d'actif au-dessous de la somme nécessaire à les payer intégralement telles qu'elles ont été fixées par l'arrêté.

18

La seule conclusion possible, si l'on tient compte des considérations qui précèdent, c'est donc l'attribution exclusive à l'État des deniers déposés après l'achèvement de la liquidation.

Nous avons, en effet, admis que les créanciers de la congrégation sont désintéressés et que le débat ne peut s'ouvrir qu'entre l'État et les congrégations. Pour ces derniers, ni le système de la société de fait, ni celui des droits individuels acquis par eux en tant qu'associés, ne donne un fondement suffisant à leur droit. L'État seul peut prétendre recueillir l'actif net restant, parce que cet actif a tous les caractères d'un bien vacant et sans maître. Les congréganistes n'opposent plus à l'État l'obstacle de leur détention matérielle. Les donateurs et les testateurs ont renoncé à exercer leur revendication sur les biens jadis détenus s'ils ne l'ont pas exercée dans les délais. Cette renonciation ne peut profiter à la congrégation, qui demeure incapable; elle ne peut profiter non plus aux congréganistes personnes interposées. Le droit que n'ont pas exercé ceux à qui la loi permettait de revendiquer, s'est donc éteint sans se transmettre à aucune personne. Il portait sur les biens dont les deniers déposés représentent la valeur. Ces deniers, déposés pour le compte des ayants droits, ne sont pas occupés matériellement. Il n'y a donc pas même de détention pour faire obstacle au droit de l'État. Ce droit ne s'exerce d'ailleurs qu'après que la dernière des charges sera acquittée', après le payement des allocations dues aux anciens congréganistes;

mais à ce moment, aucune prétention rivale ne peut s'élever contre lui.

Tous les droits individuels ont été largement sauvegardés : ceux des pauvres hospitalisés par la congrégation; ceux des donateurs, des héritiers du testateur; ceux des congréganistes qui ont repris leurs apports et les dons et legs qu'ils ont reçus depuis leur entrée en religion sous les conditions que nous avons examinées, et qui, lorsqu'ils n'auront pas eu d'apports à reprendre, auront reçu des allocations suffisant à leur assurer une existence plus large peut-être que ne la leur assurait la congrégation, et qui, enfin, ne perdront pas le fruit de leur travail, mais toucheront une somme égale à celle qu'ils auraient pu économiser en vivant dans les conditions de tout travailleur libre quand ils auront contribué par leur travail à l'acquisition des biens vendus.

La congrégation seule, l'être abstrait que la loi voulait atteindre. reste frappée; les individus n'ont rien à craindre de la loi Seule leur liberté de s'associer dans un certain but est limitée, mais c'est précisément cette liberté que le législateur voulait supprimer. Du moins, leurs droits pécuniaires demeurent intacts.

L'attribution à l'Etat de l'actif restant après tous ces prélèvements est une mesure absolument inoffensive. Cet actif sera bien peu important dans la plupart des cas. Cette attribution ne constitue ni une spoliation, ni une pénalité. Il était à peine nécessaire de la prononcer, elle découle logiquement de la dissolution de la congrégation. Elle ne constitue pas une spoliation, car les biens attribués n'ont pas de propriétaire ; elle ne constitue pas non plus une pénalité ; la seule pénalité, c'est la dissolution ; mais la dissolution prononcée et les revendications et les prélèvements accordés dans une mesure aussi large, l'idée de peine ne peut pas s'appliquer à une mesure aussi peu sévère.

D'ailleurs, d'autres associations, dont le but n'est pas toujours un but purement intéressé, sont-elles traitées par la loi d'une manière plus favorable ? La loi de 1898 sur les Sociétés de secours mutuels ne dispose-t-elle pas que les ayants droits, c'est-à-dire ceux qui ont fait des versements, une fois désintéressés, s'il y a un actif net restant, il doit aller à l'Etat[1] ? La loi du 12 juillet 1875, sur l'enseignement supérieur, n'attribue-t-elle pas à l'Etat les biens des associations formées en vue de créer ou d'entretenir des cours ou des établissements d'enseignement supérieur, si, à leur dissolution, aucun des auteurs des libéralités qui leur ont été faites ou de leurs successeurs ne se présente[2] ? Enfin, la loi du 30 novembre 1894 n'admet-elle pas, au cas de dissolution d'un comité d'habitations ouvrières à bon marché, la dévolution de l'actif restant aux Sociétés de constructions d'habitations ouvrières, aux associations de prévoyance ou aux bureaux de bienfaisance[3] ?

[1] Article 31, loi du 1er avril 1898.
[2] Article 12, loi du 12 juillet 1875.
[3] Article 14, loi du 30 novembre 1894.

Et, sans parler des syndicats pour lesquels la question est controversée, la règle de la dévolution des biens d'une association au cas de dissolution, ne se rapproche-t-elle pas des règles qui doivent être suivies en ce qui concerne les congrégations ? Si l'association dissoute n'a pas prévu dans ses statuts la dévolution de ses biens, et s'il n'y a pas de décision de l'assemblée générale, il est admis que les dettes doivent être payées, et que les sociétaires et les donataires peuvent reprendre leurs apports ; après quoi, l'actif restant est dévolu à l'État comme biens vacants et sans maître.

Cette règle d'ailleurs est tellement évidente par elle-même en ce qui concerne la dévolution des biens des associations à but non intéressé, qu'il s'agisse de congrégations, d'associations religieuses ou d'associations laïques, il est si naturel d'attribuer à l'État les biens jadis détenus par des associés dont le but n'était pas de partager des bénéfices, que certaines législations étrangères l'ont inscrite dans leur législation sur le droit d'association. L'article 45 du nouveau Code civil allemand permet, pour les associations à but intéressé, le partage entre les associés du patrimoine social ; mais elle le refuse pour les associations à but non intéressé dont le patrimoine est attribué à l'État, et l'article 39 du Code civil espagnol attribue les biens des associations de même nature à des œuvres analogues.

Toutes ces dispositions, soit qu'elles visent des associations religieuses, soit qu'elles s'appliquent à

des associations laïques, qu'elles émanent de lois
françaises ou de lois étrangères, qu'elles ordonnent
la dévolution à l'Etat ou à des œuvres analogues,
posent un principe qui, dans l'hypothèse sur laquelle
nous raisonnons, est essentiel : c'est que le droit des
associés n'existe pas et que l'Etat peut imposer la
dévolution des biens à son profit ou au profit d'une
œuvre semblable.

D'ailleurs, après ces rapprochements avec les
règles de dévolution des biens d'associations dissoutes dans les lois françaises et dans les législations
étrangères, nous pouvons trouver dans d'autres législations étrangères des règles semblables en matière
de dévolution de biens de congrégations.

Les lois allemandes édictent aussi la nécessité de
l'autorisation et la loi du 31 mai 1875 dispose, pour
la Prusse, que le patrimoine des établissements dissous, l'entretien de leurs membres une fois assuré,
sera employé conformément à une loi ultérieure [1].
Les lois Américaines décident que les congrégations
non « *incorporées* » sont dissoutes, et notamment une
loi de l'Etat de New-York édicte la liquidation des
biens et l'affectation de l'actif restant à une œuvre de
religion, de bienfaisance ou de charité [2]. Et lorsque,
dans une situation que le caractère cosmopolite des
congrégations romaines rendait particulièrement
délicate au point de vue des rapports internationaux,

[1] Annales de législation étrangère, 1875, p. 312.
[2] Act. du 27 avril 1872.

la loi italienne supprima certaines des congrégations de Rome, cette loi décida que « tous les biens quel-
» conques appartenant aux congrégations supprimées
» par la présente loi et par les précédentes sont
» dévolus au domaine de l'Etat [1] ».

Enfin et pour revenir à la tradition française, cette attribution à l'Etat de l'actif restant après la dissolution des congrégations est la solution déjà admise par les édits de 1749 et de 1776 (art. 17, 21 et 22). Cette tradition a été reprise par la loi de 1825 qui, si elle ne l'attribue pas à l'Etat, en ordonne la dévolution « moitié aux établissements ecclésiastiques, moitié aux hospices du département ».

Elle n'a pas été abandonnée par les nombreux projets qui ont précédé la loi de 1901, et qui, tous, comme le faisait remarquer à la Chambre le Président du Conseil [2], comportaient attribution du reliquat d'actif à l'Etat.

Une dernière fois, à une date plus rapprochée, le législateur de 1904, dans la loi sur l'enseignement, a affirmé à nouveau le principe et a repris le système de dévolution édicté par la loi de 1825.

Une dernière considération tirée de la loi de 1901 et des décrets qui l'ont suivie est encore plus probante : visant les congrégations qui voudront se former dans l'avenir, l'article 19 du décret du 16 août 1901 dispose ainsi : « Les projets de statuts contiennent les
» mêmes dispositions et engagements que ceux des

[1] Loi du 9 juin 1873.
[2] Chambre des députés. Séance du 28 mars 1901.

» associations reconnues d'utilité publique, *sous*
» *réserve des dispositions de l'article 7 de la loi du 24*
» *mai 1825, sur la dévolution des biens au cas de disso-*
» *lution.* » La disposition de la loi de 1825, qui est
visée dans cet article, est la suivante : Après avoir
réglé le droit de retour des donateurs et des héritiers
des testateurs, au cas de dissolution d'une congrégation religieuse de femmes, le législateur de 1825 dispose : « Quant aux biens qui ne feraient pas retour
» ou qui auraient été acquis à titre onéreux, ils
» seront attribués et répartis, moitié aux établisse-
» ments ecclésiastiques, moitié aux hospices des
» départements dans lesquels seraient situés les
» établissements éteints. »

Il résulte du renvoi que fait l'article 19 du décret
à la dernière disposition citée que, pour être approuvés,
il faudra, à l'avenir, que les statuts des congrégations
en instance d'autorisation se soumettent à cette disposition de la loi de 1825, consentent à cette dévolution à des œuvres analogues, et par là même, renon-
cent à partager entre eux l'actif restant. Si les
congrégations ne peuvent être autorisées dans l'avenir
qu'à condition d'accepter cette règle, les congrégations
existantes au moment de la promulgation de la loi
de 1901 et non autorisées peuvent-elles être traitées
plus favorablement et leurs membres peuvent-ils prétendre au partage de cet actif restant, auquel devront
renoncer, par une clause formelle de leurs statuts, les
congrégations futures sous peine de se voir refuser
l'autorisation ?

Nous demeurons donc, en décidant que l'Etat doit rester seul attributaire de l'actif net restant, dans la tradition française telle qu'elle avait été conservée par les lois de la Restauration, et telle qu'elle a été reprise par la loi de 1904.

Il importe peu que, dans les rapprochements que nous avons faits avec la législation française et les lois étrangères, nous ayons rencontré des lois qui règlent la dévolution des biens d'associations dissoutes en faveur d'institutions analogues et non en faveur de l'Etat. Ces dispositions dénient tout droit aux associés, aussi fortement que celles qui attribuent le reliquat d'actif à l'Etat lui-même. Ce que nous avions à prouver, et ce qui nous paraît être la vérité historique en même temps que la vérité logique, c'est que le législateur a assez fait pour n'être point taxé d'inhumanité lorsque, comme le législateur de 1901, il a assuré (ce qu'a négligé de faire la loi de 1825) à l'associé la reprise de ses apports et une allocation suffisante à assurer son entretien, ce sur quoi il eût pu légitimement compter, en somme, s'il eût vécu dans la condition de tout travailleur libre.

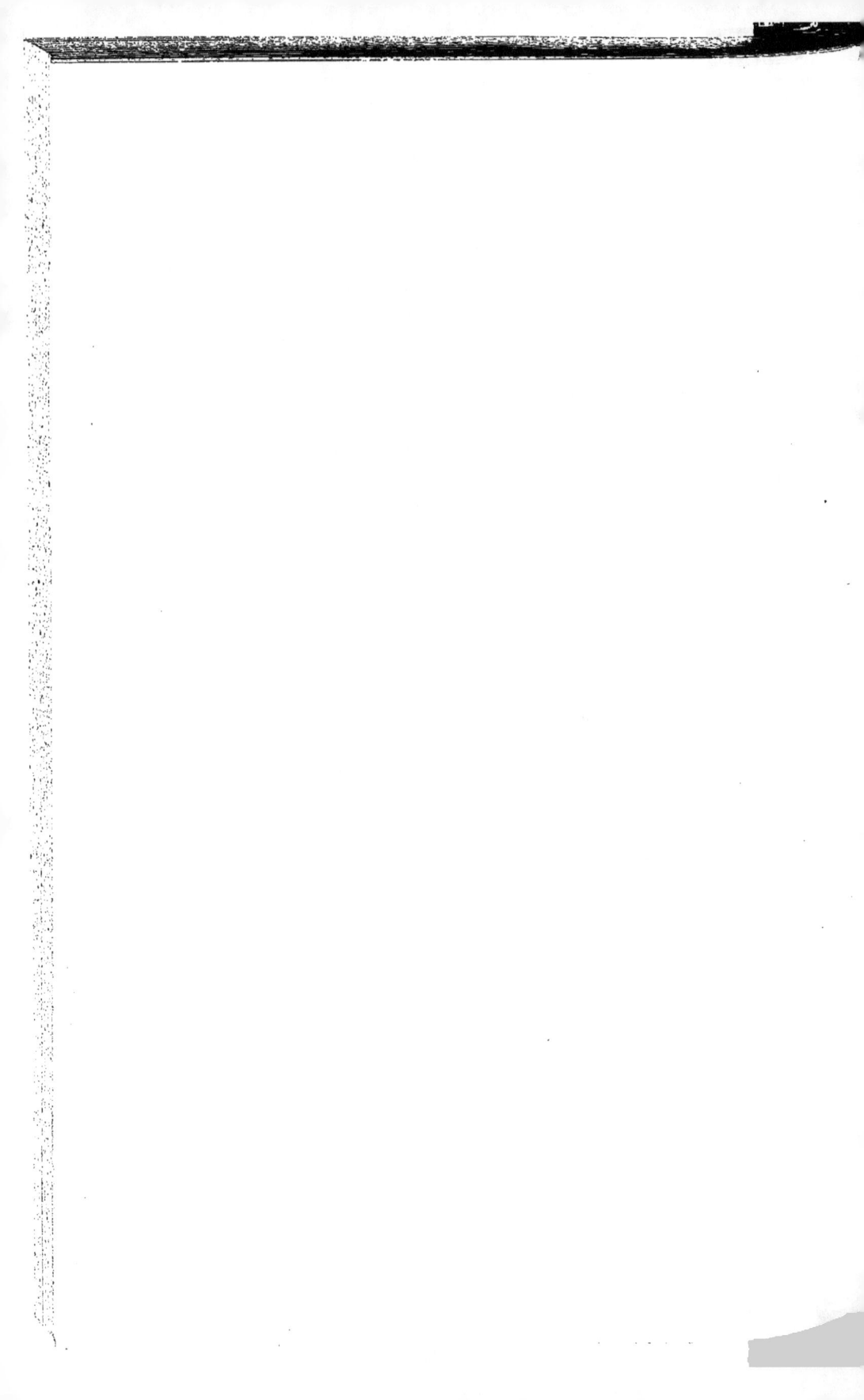

TABLE DES MATIÈRES

cas où ce sera le revendiquant qui aura triomphé. — Comment il aura lieu au cas inverse : *a)* le Lien est immeuble ; *b)* il est meuble.

Cas où la prise de possession tardive a pour cause le fait du liquidateur. — Quelle est la solution, dans ce second cas, s'il s'agit de droits réels constitués ? — Quelle doit-elle être au cas où il s'agit de recel, de détournement, de plantations et de constructions.

TITRE TROISIÈME

ACTIONS EN REPRISE ET EN REVENDICATION

Quels sont les biens sujets à revendication.

Constituent-elles des actions en revendication ou de simples actions en restitution ?

TITRE QUATRIÈME

RÉALISATION ET RÉPARTITION DE L'ACTIF

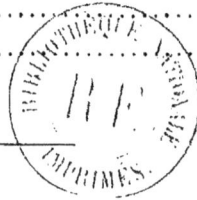

MONTPELLIER. — IMPRIMERIE DELORD-BOEHM ET MARTIAL

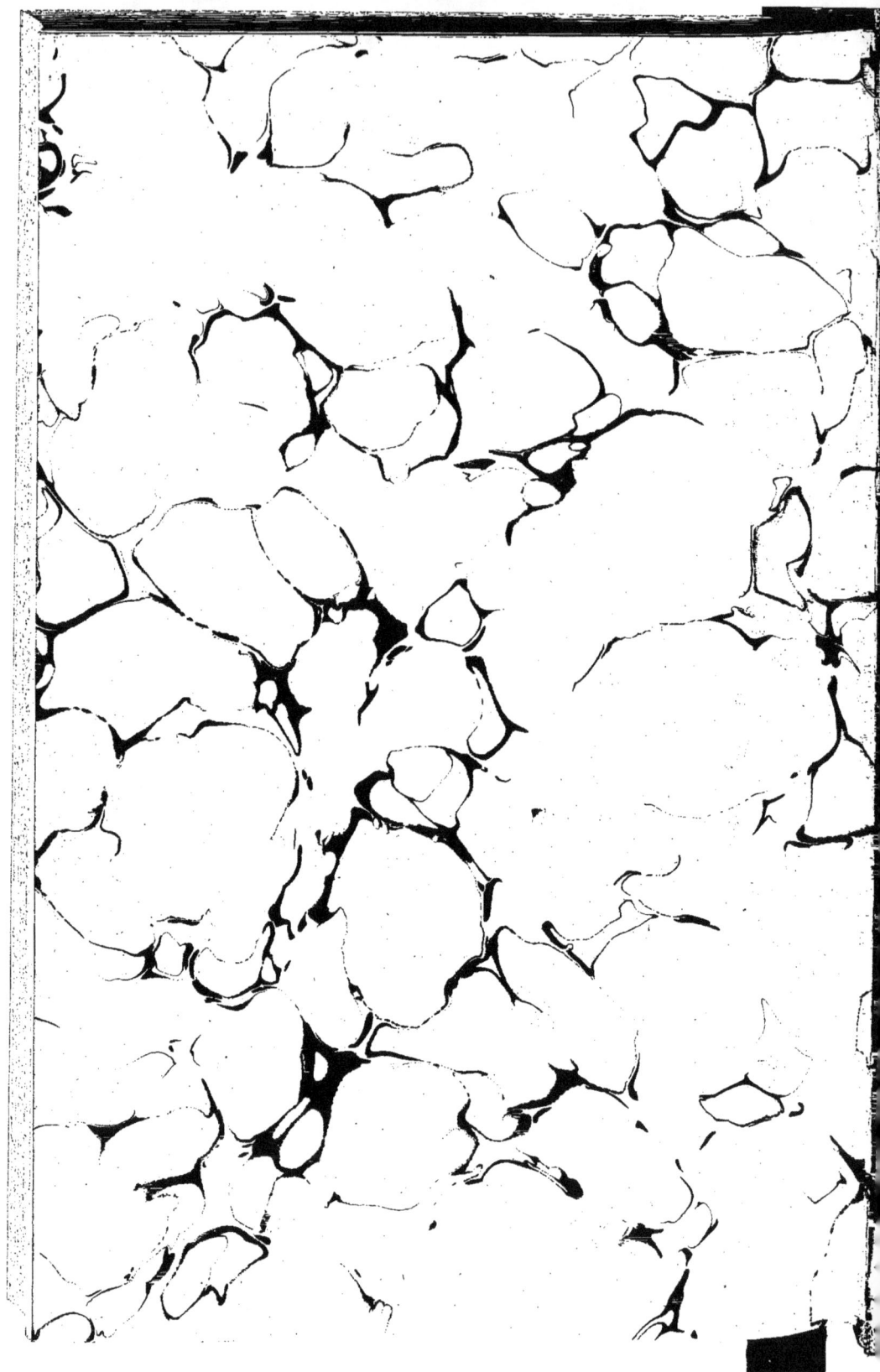

www.ingramcontent.com/pod-product-compliance
Lightning Source LLC
Chambersburg PA
CBHW060427200326
41518CB00009B/1521